如何成长为卓越法律人

刘振红 著

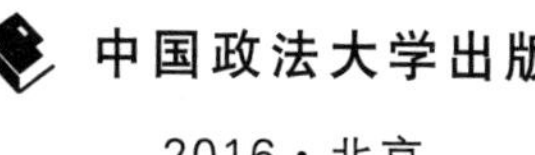

中国政法大学出版社

2016·北京

图书在版编目（CIP）数据

如何成长为卓越法律人/刘振红著. —北京:中国政法大学出版社, 2016. 4
ISBN 978-7-5620-6702-3

Ⅰ. ①如… Ⅱ. ①刘… Ⅲ. ①法学－高等学校－教学参考资料 Ⅳ. ①D90

中国版本图书馆CIP数据核字(2016)第064022号

出版者	中国政法大学出版社
地　址	北京市海淀区西土城路 25 号
邮寄地址	北京 100088 信箱 8034 分箱　邮编 100088
网　址	http://www.cuplpress.com (网络实名：中国政法大学出版社)
电　话	010-58908437(编辑室)　58908334(邮购部)
承　印	固安华明印业有限公司
开　本	880mm × 1230mm　1/32
印　张	6
字　数	140 千字
版　次	2016 年 4 月第 1 版
印　次	2016 年 4 月第 1 次印刷
定　价	29.00 元

序

振红院长将自己的心血之作交给我，嘱我作序。对此重任，我虽惶惶，对于卓越法律人的培养，尤其是如何成长为一个卓越法律人，还是有些话说的。

2011年，教育部与中央政法委员会联合发文，于2011年底正式启动卓越法律人才培养计划。[1]卓越法律人才培养计划的推出，意味着我国法学教育的产品培养模式开始出现转变，传统上的，尤其是1999年开始延续至今的高等教育扩招模式，在法律人才培养这里，需要进行反思。粗放型的法学培养模式将成为历史，精细化的法律人才培养模式将陆续展开试点，并将引领未来我国法学教育的发展趋势。

这是卓越法律人才培养计划出台的宏观背景，在这个背景之下，高等院校针对法学教育所存在的德性不足[2]、缺

---

〔1〕 详细内容可查阅教育部、中央政法委员会《关于实施卓越法律人才教育培养计划的若干意见》(教高〔2011〕10号)。

〔2〕 徐显明教授曾多次指出这一问题，曹义孙教授也曾论述过这一问题。可参见徐显明:“法学教育的基础矛盾与根本性缺陷”，载《法学家》2003年第6期；曹义孙:“中国法学教育的主要问题及其改革研究”，载《国家教育行政学院学报》2009年第11期。

乏实践性、缺乏应用能力、复合型程度低〔1〕等不足展开了新一轮的改革。新的培养模式也随之出台，卓越计划众彩纷呈。〔2〕

一、卓越法律人才的时代背景

我国的法学教育是全新的，是在新中国成立后与过去历史断裂，重新展开的。尽管新建困难重重，几经挫折，但经过历史的沉淀，我国法学教育体系逐步形成，发展，走向完善。为了进一步打造优秀法律人才，在“十二五”期间，我们制定了一整套卓越法律人才的培养方案，进行大量的配套改革和制度设计，与卓越法律人才培养相适应的培养模式、课程体系、教学方法等诸多环节相应出台，付诸实践。〔3〕

在这些实施方案付诸运行的过程中，对卓越法律人才培养基地的运行效果的考评问题也就相应而来，也就因而有了关于各种卓越法律人才标准体系的探索与研究，振红院长的

---

〔1〕 这一问题尤其表现在JM的培养方面，作为复合型人才的培养模式，JM十年教育并未如期达致目标。参见王健：“招生政策的调整与法律硕士教育面临的新挑战”，载《南京大学法律评论》2010年春季卷。

〔2〕 如2008年，中国政法大学经教育部批准，正式开始六年制法学教育实验班，参见http://news. cupl. edu. cn/news/7860_ 20080530180419. html；2009年，成立不久的上海交通大学凯原法学院也开始进行“三三制”法学教育改革，参见http://www. sjtu. edu. cn/newsnet/newsdisplay. php? id = 20416；中国人民大学法学院法律硕士培养方案也由二年制回复到三年制，开设了法商专业硕士和反贪专业硕士等，详情参见http://www. law. ruc. edu. cn/。

〔3〕 参见中国政法大学教务处网站：http://jwc. cupl. edu. cn/。

研究，可谓这种努力中具有代表性的一例。这种努力，回应了当前我国全面深化推进司法改革的战略布局，也有助于梳理并探究卓越法律人的标准。结合对振红院长一书的学习，以下几个方面，是我们需要领悟的时代语境。

（一）集约型法律人才培养时代来临

自1999年高校扩招以来，我国高等教育实现了历史性的发展，实现了由精英教育向大众化高等教育的转变。法学教育嵌入中国高等教育迅速扩张的过程之中，在过去的十多年里，也处于突飞猛进的时期，忽略了法学教育自身的特点，没有突出职业属性和德性建设。2011年开始，我国高等教育的扩张时期已经基本终结，重视内涵建设的法学教育也呼之而出，复合型、实践型、应用型卓越法律人才计划被纳入教育部“十二五”规划之中，反映了法学教育特殊性受到关注、集约型法律人才培养时代的来临。因此，与之相对应的严格考评机制和国家标准体系也就因势而出。卓越法律人才培养计划正是实践中的一个行动，它既是一种尝试，也是一种标准的试行，有利于未来中国法学教育的标准化建设。

（二）强化法学教育质量的需要

近年来，随着法学院校的不断膨胀，我国的法学教育质量面临着更多、更新的挑战。因此，必须居安思危，不断建设、改革与发展，把提高教育质量放在更加突出的位置，增强对社会、经济发展变化的适应性，从而提高自身生存与发展的能力。卓越法律人才培养基地的设置提供了加强法学教育的契机，但也是一种新的挑战。因此，需要建立完善的卓越法律人才国家标准体系来不断发现问题、实施整改，自觉地按照教育规律办学，坚持规模、结构、质量、效益的协调发展，保障卓越法律人才的顺利培养，确保我国法学教育的质量。

（三）向社会输送合格法律人才的保障

正是由于过去的法学教育存在着不能满足社会多种多样需要的不足，卓越法律人才计划才出炉。因此，卓越法律人才的培养必须要严格把关，打造出社会所需要的法律人才。卓越法律人才国家标准体系的建立就是要对法律人才的培养过程严格把关，层层确保，实现法律技能、法律伦理以及其他综合素质的打造。将向社会输送的法律人才打造成一个合格的产品，为我国的法治建设输送合格的人才，为最终实现中国的法治建设把好质量关。

正是有着这些必要性，国家层面才专门制定出台了卓越法律人才培养计划，省级院校也根据自己的特殊情况，分别制定了自己的卓越法律人才培养计划。从 2011 年至今，一个五年弹指一挥间，到了该总结的季节，成果的梳理，经验的总结，也就成了法学教育研究者当前的一个重要任务。

二、宽人文，厚基础

法学教育是职业教育。纵观世界，立足中国，我们可以清楚地看到，法律职业是经验性、技术性、专业性要求均很高的职业，与之相对的法学教育必须能够培育出具备足够经验、技术的专业化人才。法学教育的职业性是法学教育发展历史的题中之意，更是世界法学教育发展的潮流所向。无论是中国法学教育起源、发展、演变的历史，还是西方国家法学教育发生发展的历史，都表明，法学教育具有充分的职业导向性。并且，法学教育的职业性是一种高层次的导向性，法学教育是超越一般素质教育的职业教育。当今世界主要国家的法学教育模式也已经验证，坚持法学教育的职业性不仅是传统英美国家法学教育的成功之处，也是当今世界其他发达国家，包括后起的亚洲发达国家，法学教育改革的必然之路。近邻日本和韩国的法学教育改革过程纷繁复杂。但一旦我们把握住法学教育的职业性这一特征，就能够立刻清晰地把控其改革的精髓和未来的方向。法律职业的特殊性决定了法学教育就本质而言必须是职业导向的，即法学教育的职业性是其本质属性，不能偏离。这种职业导向性可以追溯到中国的春秋时代和西方的古罗马时期，虽然过程之中总会呈现短暂分离，〔1〕但从历史的长河来看，这种短暂的分离常常进一步促进了法律职业化的统一性。

与此同时，我们还需要看到，法学教育的职业教育属性，是在深厚人文积淀、厚重知识基础之上的职业教育。以美国为代表的法学教育是世界法学教育的引领者，其基本模式为本科后的职业教育。本科阶段的教育以博雅为导向，其重在为职业化的法学教育奠定深厚的社会科学基础，重在拓宽学生的视野。耶鲁大学法学院院长曾有一句著名的箴言——

〔1〕 方流芳："中国法学教育观察"，载《比较法研究》1996年第2期。

“不要让你的技巧胜过你的美德”。这句话所反映的就是法学教育的精髓之一。我们的法学教育是直接的高中后教育，这一阶段的学生心智并不成熟，经过法条的填鸭式灌输后，培养出的学生往往会出现眼中“只见法条不见人”的怪相，以至于“法不容情”成了法学界的一个流行话语。这是让人遗憾的，对此，法学教育的研究者应当深刻反思。

应该说，振红院长对卓越法律人才的培养设计，对此是有着反思的，他全书的起点就在于拓宽学生的知识面，内容涉及很多人文社科的书籍，及关涉法律问题的诸多阅读材料和电影，对于打造一个合格的卓越法律人才，是有着深刻思考的。在我看来，这一方案能够宽人文，厚基础，恰是当前很多法学院所缺失的。一个法科生经过法学院校的专门训练，不是要成为工具性的法律实践者，而是要有着一颗温和的心灵，成为对社会充满温情的，有着人文情怀，有着灵魂的法律人。而这则需要从入学开始就予以确定。

三、凸显德性

法律职业作为一种服务社会的特殊行业，有特殊的伦理要求。缺失职业伦理，法律知识越精巧，对社会的危害反而越大。因而，在当今法学教育中强调职业伦理建设具有特定的重要意义，加强法学教育中的道德教育，构建系统的法律职业伦理，对中国法学教育至关重要。但是，学生的大部分时间和学校资源集中于知识教育，缺乏法律职业道德教育，法学教育的政治性一定程度上被削弱，学生难以形成对法律的信仰、忠诚。

因此，卓越法律人才培养计划要深化高等法学教育改革，把社会主义法治理念教育融入法律人才培养全过程，深入推动社会主义法治理念进教材、进课堂、进头脑，增强学生贯彻落实社会主义法治理念的自觉性和坚定性。加强学生职业意识、职业伦理教育，增强学生服务社会主义法治国家建设的责任感和使命感。创新人才培养模式，优化法学课程体系，改革教学方法手段，提高高等法学教育质量。[1]除此之外，对于德性法律人的培养，还要偏重法律职业伦理的技术性训练。将政治素养和职业伦理训练分开进行，对后者，要通过设置课程、实践教学等途径，通过"润物细无声"的方式，将法科生的德性，通过技术性规则的学习，通过具体模拟性、真实性案件的参与体验，逐步在法学院的学习中确定起来。

四、一点余论

根据教育部的政策要求，实施卓越法律人才培养计划，制定详细的培养方案，更新培养理念，改革培养模式，修正培养目标，变换教材体系和课程设置体系，改革教学方法，形成了一整套完整的培养模式。但是，卓越法律人才培养成败在诸多检验标准中，最终的检验者是"社会"这个法律

---

〔1〕 参见教育部、中央政法委员会《关于实施卓越法律人才教育培养计划的若干意见》（教高〔2011〕10号）。

人才需要场所。因此，要实现卓越法律人才的培养目标，经过10年左右的努力，形成科学先进、具有中国特色的法学教育理念，形成开放多样、符合中国国情的法律人才培养体制，“培养造就一批信念执著、品德优良、知识丰富、本领过硬的高素质法律人才”，最终就要将我们的教育评价标准体系和社会所需联系起来，真正和社会“复合”起来，这也正是本标准灵活性的本来要求。

当前，全面深化依法治国在稳步推进，司法改革也在大踏步前进，法学教育的改革应实践所需，必然也会提上日程，但无论如何，一个不变的问题仍然是，如何培养出德才兼备的卓越法律人，对此，国家有国家的责任，行业有行业的责任，法学教育界也有自己的责任。法学教育的研究者积极行动起来，探索德才兼备法律人才的培养，就是对我们法治国家建设的积极回应。振红院长的研究可谓颇具前沿意识，其设计的各种方案也得到稳步推行，作为一个专门从事法学教育的研究者，我是深感高兴的。我也希望，未来能够看到振红院长更多的成果，为法学教育的研究做出更多的贡献。

是为序！

刘坤轮

中国政法大学法学教育研究与评估中心副主任、

副教授、硕士研究生导师

2016年1月11日于军都山下

前　言

2011年底，教育部、中央政法委员会联合下发《关于实施卓越法律人才教育培养计划的若干意见》（以下简称《意见》）。《意见》肯定了我国法学教育所取得的成绩，包括法学教育体系不断完善、培养了一大批优秀法律人才等；同时指出了我国法学教育所存在的问题："还不能完全适应社会主义法治国家建设的需要，社会主义法治理念教育还不够深入，培养模式相对单一，学生实践能力不强，应用型、复合型法律职业人才培养不足。"《意见》明确提出，我国高等法学教育改革发展最核心最紧迫的任务是提高人才培养质量，"培养造就一批信念执著、品德优良、知识丰富、本领过硬的高素质法律人才"。《意见》的颁布，标志着我国法学教育进入了培养卓越法律人才的新时期。

培养适应中国特色社会主义法治国家建设需要的高素质法律人才，离不开政策层面的支持与引导，比如国家级、省级卓越法律人才教育培养基地的遴选，高校与法律实务部门人员互聘"双千计划"的强力推进等；亦离不开理论研究的百花齐放，比如中国法学教育研究会及其各省分会举办的专题论坛，报纸、杂志刊发的诸多理论文章等；更离不开各高校根据自身实际进行的积极探索，比如中国政法大学开展的“同步实践教学模式”改革，西北政法大学提出的“需求导向、联合培养、强化实践、追求卓越”的实施路径等。

我们在欣喜地看到上述措施所发挥积极作用的同时，还要清醒地认识到，这些措施多立足于学校与教师，所要解决的理论命题是“如何培养卓越法律人才”。“培养”作为该命题的关键词，彰显了园丁的辛勤，但有忽视种子自身“生长”的危险，甚至有揠苗助长之嫌。“吕叔湘先生说了个比喻，他说教育的性质类似农业，而绝对不像工业。工业是把原料按照既定的工序，制造成为符合设计的产品。农业可不是这样。农业是把种子种到地里，给它充分的合适的条件，如水、阳光、空气、肥料，等等，让它自己发芽生长，自己开花结果，来满足人们的需要。”〔1〕

破解“培养”蕴藏着的上述危险，需要我们站在“种子”——学生——的立场审视卓越法律人才教育计划。以学生为视角，“如何培养卓越法律人才”就演变成了“如何成长为卓越法律人”。尽管这两个命题只有一语之差，即“培养”与“成长”，但后者更凸显了学生的主体地位。

本研究的价值之一就是站在学生的立场上探讨卓越法律人才教育问题。这是一本写给法学本科生的书，告诉他们如何成长为卓越法律人。

---

〔1〕 叶圣陶:《叶圣陶集》(第11卷)，江苏教育出版社1986年版，第286页。

本书从“上大学，学什么”这一莘莘学子需要用心思考的元问题切入，提出大学求学由低到高的三个层次：专业知识、思维能力、人生境界。接下来论述了卓越法学本科生的培养之路：一是与年级、课程相适应，定期开展读书活动，使学生具备结构合理的丰富知识；二是以项目为抓手，实施四年一贯制的项目训练，循序渐进地培养学生的实践能力；三是将课程与活动、校内与校外相衔接，对学生进行知识获取、价值评价、行为选择层面的法律职业道德教育，从价值观、人生观方面筑牢卓越的基础。本书围绕卓越法学本科生应具备的读、写、思三大基本能力，论述了卓越法学本科生怎样阅读、卓越法学本科生怎样写作、卓越法学本科生怎样思考，并介绍了安阳师范学院（河南省应用型、复合型卓越法律人才教育培养基地）的一些做法，包括卓越法学本科生必读书目、卓越法学本科生应看影视作品、卓越法学本科生要关注的新媒体等。如果说以上部分构成了本书的主体，即“理念”篇与“实践”篇，则附录的内容就是“回响”篇：优秀检察官、律师以过来人的眼光、经验，告诉本科生如何成长为卓越法律人。

本研究的另一价值是为新建本科院校的法学教学提供参考。“根据2013年统计数据，中国开办法学专业的法学教育机构为637所。”[1]换句话说，全国57%的本科院校（本

---

[1] 张文显：“法治中国时代的法学教育”，载张文显主编：《中国法学教育年刊》（2012~2013），法律出版社2014年版，“代发刊词”第1页。

科院校为1112所）招收法学专业学生。在这些院校中，绝大多数是2000年以后升本的新建本科院校。就数量而言，新升本地方高校无疑是我国法学教育的主力军。而这些高校在师资、图书资源、实践教学、实验设施等软、硬件方面，均与211、985高校存在很大差距。它们既不能照搬知名高校的做法，也无法套用老牌政法院校的模式，更谈不上深度借鉴国外高校的成功经验。怎样办学？这是新建本科院校面临的生存问题。

同时，新建本科院校还面临着发展问题——卓越法律人才培养。培养卓越法律人才，不只是高水平大学法学院的任务，同样离不开新建本科院校的踊跃参与，不仅因为基层法律实务部门中的工作人员几乎都由这些院校培养，而且因为读研深造的一部分学生也出自这些院校。新建本科院校培养的法学本科生是否卓越，直接影响着卓越法律人才教育培养计划在多大程度上取得成功。

如何探索出一条符合自身实际、具有自身特色的卓越法律人成长之路？是我国法学教育改革中亟待解决的重大问题。本书愿为之抛砖引玉。

刘振红

2016年1月

目　录

序 …………………………………………………… 1

前　言 ………………………………………………… 9

一、　上大学，学什么 ………………………………… 1

二、　培养你的法商 ………………………………… 10

三、　人生就是选择的不断展开 ………………………… 15

四、　论卓越法学本科生的培养——基于安阳师范学院的考察 ………………………………………………… 18

五、　卓越法学本科生怎样阅读 ………………………… 36

六、　卓越法学本科生阅读什么 ………………………… 40

七、　卓越法学本科生怎样写作 ………………………… 77

八、　卓越法学本科生应欣赏的影视作品 ………………… 85

九、　卓越法学本科生要关注的新媒体 ………………… 113

附　录 …………………………………………………… 124

检察官眼中的卓越法律人才——以基层检察机关需要什么样的法律人才为视角 /韩火青 ………… 124

卓越律师是怎样做成的 /任卫东 ……………………… 137

律师眼中的卓越法律人 /耿小武 ……………………… 144

我国卓越法律人才培养模式探析——以日本临床法学教育为借鉴 /赵向华 ……………………… 153

后　记 …………………………………………………… 171

一、上大学，学什么

上大学，学什么？踏入校门甚至早在接到录取通知书的一刹那，很多同学都会思考这一问题。每年的新生开学典礼上，我也会问到这一问题。同学们的回答多种多样：学习知识，锻炼能力，开阔眼界，了解社会，等等。是啊，大学生活丰富多彩，年轻人精力充沛，校园内总是洋溢着奋发向上的气氛，再加上就业压力越来越大，很多学生四年间陀螺般地旋转，忽而课堂，忽而社团，忽而文体，忽而郊游，忽而兼职……大学四年可用“忙”一字概括，两眼一睁，忙到熄灯。临近毕业，惊回首，发现很多“忙”没有价值或价值不大，痛惜没有听从先哲教诲：“物有本末，事有终始。知所先后，则近道矣。”〔1〕之所以忙而乱，之所以忙而收获少，根源在于思考之懒、思考之浅。上大学，学什么？这是莘莘学子需要用心思考的元问题。

大学，无疑要学知识。知识对个人乃至人类的重要性无须赘言，尤其是在今天的知识社会和信息时代。如果我们停

〔1〕《大学》。

止接受新的信息与知识，不仅与社会脱节，显得落伍，而且几乎寸步难行。所以，针对学什么的问题，人们首先想到的答案就是知识，学知识几乎成了该问题的常识性解读。殊不知，这一所谓的常识遮蔽了很多人的视野，禁锢了人们的头脑，使人们只关注成绩单这一知识的表征，而不再追问知识的目的、知识的边界等知识的实质，以至于有学者发出“警惕知识”的呼声。[1]“吾生也有涯，而知也无涯。以有涯随无涯，殆已！已而为知者，殆而已矣！”[2]知识作为学习的对象，永远学不完。更何况，在信息时代，知识呈几何级数增长，其更新换代速度几近“昨是而今非”。作为一名大学生，识字问题已经完全解决，理解能力基本成熟，如果仅以学知识为目标，还需要交着学费上大学吗？在舒适的家中，轻点鼠标，浏览网页，就可以学到想掌握的任何知识，当然，前提是要有足够的自我管理能力，要能够持之以恒。由此看来，学知识只是上大学的目标之一，准确地说，是上大学的最低限度要求。这也是为什么同一专业的学生在就业竞争时，比拼的不是毕业证书（毕业证书只是你掌握了最低标准专业知识的证明），而是证书之外的其他。

知识之外的其他，首先包括思维能力。如果把知识比喻为思维的材料，那思维能力就是对这些材料进行建构、加以使用的技能。若把知识比喻为散钱，那思维就是贯钱之绳。

---

〔1〕 鲍鹏山：“警惕知识”，载《光明日报》2012年5月9日第12版。

〔2〕《庄子·养生主》。

也可以说，思维能力就是激活头脑中已有知识的能力，就是孔子所讲博学基础上的“一以贯之”，要博学更要思其会通。通过思维能力，知识才能由“死”变“活”。同一专业毕业的学生，处在相同的环境，面对相同的问题，有的人攻克不了，有的人在较短时间内解决，有的人花费了相当长的时间，这其中的关键差异就是思维能力。之所以称其为关键差异，是因为在影响行动成功的诸多内因中，思维起着决定性的作用，这方面的例子比比皆是，如大家熟知的田忌赛马、曹冲称象、草船借箭等，还有法律学人应该知道的张举烧猪、摸钟辩盗等。〔1〕就具体内容而言，思维对行动的决定性作用表现在三个方面：在行动前，思维起着先导作用，只有想清楚才能做明白，否则，行动就会蜕化成误打误撞的“盲动”，实践就是瞎猫碰死耗子式的靠运气；在行动中，思维起着即时调控作用，它会根据变化的情况对行动做出相应的调整，这样，行动才不会变成僵化的教条；在行动结束后，思维起着反思作用，既能把成功的经验提炼为普遍性的理论，又能把失败的教训归纳为前进中的歧途，并借此告诫

---

〔1〕《折狱龟鉴》卷六记载“张举烧猪”一事：“张举，吴人也，为句章令。有妻杀夫，因放火烧舍，称火烧夫死。夫家疑之，诉于官。妻不服。举乃取猪二口，一杀之，一活之，而积薪烧之。活者口中有灰，杀者口中无灰。因尸验口，果无灰也。鞠之，服罪。”其卷八记载“摸钟辩盗”一事：“陈述古密直，尝知建州浦城县。富民失物。捕得数人，莫知为盗者。述古乃绐曰：‘某寺有一钟，至灵，能辨盗。’使人迎置后阁祠之。引群囚立钟前，谕曰：‘不为盗者摸之无声，为盗者摸则有声。’述古自率同职祷钟甚肃，祭讫以帷围之，乃阴使人以墨涂钟。良久，引囚逐一以手入帷摸之。出乃验其手，皆有墨，一囚独无墨，乃见真盗—— 恐钟有声，不敢摸者。讯之即服。”

自己、启示他人。

思维能力不是与生俱来的，离不开后天有意训练。与中小学相比，大学是训练思维能力的最佳场所。之所以称其为最佳，一是就能力培养而言，训练思维能力是大学的中心任务。能力包括记忆能力、理解能力、交往能力、实践能力等不同类型，中小学、大学在培养学生能力方面各有侧重。小学以训练学生记忆能力为主，中学偏重于记忆基础上的理解能力，大学的核心任务就是训练学生的思维能力。这与前文所述“思维能力是将已有知识激活的能力”相一致。如果没有中小学积累的知识、训练的理解能力作基础，大学思维能力训练就可能流于形式；反之，如果没有大学的思维能力训练，中小学获取的知识就难以充分发挥作用。二是大学具备训练思维能力的各类优越条件。相对宽松的学习环境，多种多样的第二课堂、第三课堂活动，环绕身边的良师益友等，是训练思维能力必不可少的条件。思维能力的训练，既包括自己的“思”，又包括与他人尤其是高手的“辨”。其中，“思”之目的在于证成自己的观点，“辨”之要旨则是吸收反方观点中的合理因素。套用《论语》中“学而不思则罔，思而不学则殆”的表述，我们可以说：“思而不辨易偏，辨而不思则浅。”只有经过“思”与“辨”的相互激荡，才能够从不同角度看问题、谈措施、论可行，才能避免肤浅、偏执的看法，才能使思想达到包揽古今的广度、容纳中外的高度。尽管中小学也有各种各样锻炼思维能力的活动，比如演讲比赛、辩论赛等，但其表演成分居多，是特长生展示的舞台，是学校宣传的名片，在参与广泛性、活动常规化、效果明显性等方面，远远比不上大学。

各位同学一定要抓住大学阶段这一训练自己思维能力的绝佳机会，切不可等到工作后再锻炼自己的思维能力。如果把大学阶段的思维训练比喻为模拟，那么参加工作后的思维就是实战，缺乏模拟的实战具有很大的风险性，如果遭遇失败就会给新手带来沉重甚至致命性的打击。这也是用人单位不会让缺乏充分模拟的新手担任实战指挥者、主要参加者的原因之一。如果把职场比喻为剧场的话，你们要想从台下的观众、台上的跑龙套者转变为台上的主角，就必须在本科阶段认真训练自己的思维能力。

训练思维能力可从两个基本途径着手：一是训练自己的事实归纳能力；二是训练自己的价值判断能力。我们面对的具体事情总是呈现出纷繁复杂的表象，千头万绪。新手经常出现的状况是，或者理不出头绪，或者把次要的当作主要的。要避免此类情况，就需要在描述事实的基础上对其进行归纳。描述事实一般围绕着“七何”（又称七个“W”）进行，分别是何事（what matter）、何时（when）、何地（where）、何情（how）、何故（why）、何物（what thing）、何人（who）。这“七何”呈现出原子式的分散状态，需要借助“三维”（“三个维度”的简称）把它们归纳为整体，“三维”即，是什么？为什么？怎么办？在日常生活中，本科生要有意识地用“七何”“三维”衡量你面对的问题，并发现要解决的重点。只有这样，才不至于茫然无措，或者捡了芝麻漏了西瓜。对事实进行归纳概括能力的强弱，是检验一个人思维能力的入门条件。舍此，谈不上思维能力。但有此，并不意味着思维能力较强。在人文社会科学领域，较强的思维能力主要表现为价值判断能力。社会现象是复杂多变的，可以从不同的角度进行论证、分析（这正是社会问题吸引一代又一代学者的魅力所在）。哪种分析是相对合理的？哪种分析是切实可行的？我们如何对之进行取舍，尤其是在几个优选方案或者不可避免方案之间进行唯一性的取舍？比如哈佛大学桑德斯教授在其公开课“论公正”中提出的问题，电车刹车失灵，司机面临一个两难选择：要么撞上前方在轨道上施工的五个工人，要么拐上岔道撞向一名工人。[1]要评判对诸如此类问题的回答，并进而采取行动，就必须进行价值判断。从功利的视角来看，牺牲一个人挽救五个人是可取的。这恐怕也是大多数人的常识性观点。但是，生命的价值除了数量上的比较外，还有无其他衡量准则？如果从公正、正义、程序等观点来看，你又会做出何种选择呢？你又该做出何种选择呢？如果把知识比喻为力量，那价值判断的作用就在于为力量指明前进的方向。

在知识之外，最重要的是提升人生境界。上大学，学什么？“学做人”。这是梁启超1922年在苏州演讲时给出的答案。这一回答耐人寻味。本身已经是人，为什么还要学做人？梁启超认为，初始的人是生物人，学做的是社会人。生

〔1〕 可观看网易公开课“论公正”，网址：http:// www.163.com。

物人是人与其他动物的共性，是人之实然；社会人是人的特殊性，是人之应然。超越实然追求应然，追求更高层次的应然并使自己停留于此，这就是人生的不同境界。

冯友兰先生在《新原人》中根据觉解（觉是自觉，解是了解）的有无及其程度，系统阐述了人生的四境界，即自然境界、功利境界、道德境界和天地境界。当人对世界“并无觉解，或不甚觉解”时，“他所做的事，对于他就没有意义，或很少意义。他的人生境界，就是我所说的自然境界”。[1]处在自然境界中的人，或者顺着他的本能做事，“行乎其不得不行，止乎其不得不止”；或者顺着社会风俗习惯做事，周围的人都这样做，他随波逐流。“他对于其所行底事的性质，并没有清楚底了解。他的境界，似乎是一个混沌。”[2]当人觉解到其行为的确切目的是“为我”、为“自己的私利”时，其境界是功利境界。受趋利避害这一本性使然，“大多数普通人的境界都是功利境界”。[3]虽然功利境界者的目的是自私的，但在客观上可能会产生“利他”的效果。当人“能觉解是社会底是人的性”，并且“本之尽力以做其在社会中应做底事。此等行为即是道德底行为，有此等行为者的境界即是道德境界”。[4]“在道德境界中底人，其行为是行义底。……行义者，其行为遵照‘应该’以行，

---

〔1〕 冯友兰：《贞元六书》（下），中华书局2014年版，第570页。

〔2〕 同上，第601页。

〔3〕 同上，第635、636页。

〔4〕 同上，第656页。

而不顺其行为所可能引起底对于其自己的利害。"[1]道德境界者遵循的"义"只涉及人类社会，对人类社会之外的宇宙尚缺乏认识。当人能超越道德境界，从整个宇宙的角度看待其行事的意义，自觉遵从天理以求"知天、事天、乐天"并最终达致"同天"时，[2]其境界就是最高层次的天地境界。

冯友兰先生认为，"自然境界及功利境界是自然的礼物，人顺其自然底发展"，就可能达到这两种境界。"但任其自然底发展，人不能得到道德境界，或天地境界。人必须用一种功夫，始可得到道德境界或天地境界。"[3]这种功夫就是"学养"，即"学于外"与"养于内"的统一。通过"学"（顿悟也是一种学），一个人可以求得对人生或宇宙的觉解，并使其处于道德境界或天地境界，但只能是"暂时性地"停留于这些境界，因为当其面临与他人、社会、宇宙的利害冲突时，就可能会忘记所获得的觉解，又从自己利害攸关的视角看待事物，此时，他从道德境界或天地境界退回到了功利境界。避免此种情况发生，离不开"养"这种实实在在的功夫。"养"就是精心浇灌学之所得，时常在心里提醒所学，持之以恒地在日常生活中践行所学，也就是冯友兰先生所讲的"常注意不忘记此等觉解""常本此等觉解

〔1〕 冯友兰：《贞元六书》（下），中华书局2014年版，第659、660页。
〔2〕 同上，第681页。
〔3〕 同上，第703页。

以做事”。[1]“养”之精髓在于，当遇见不同价值冲突时，能守住所“学”，能使已经达到的人生境界不后退。

各位同学，大学四年，你们要学到很多关于社会的知识，比如“自由、平等、公正、法治”这一社会层面的社会主义核心价值取向，[2]还要学到很多关涉宇宙的知识，比如“天人合一”“可持续发展观”等。如果你们有了这些觉解而不能守之、行之，那人生境界仍不能得到提升。程颐曾言：“今人不会读书。如读论语，未读时是此等人，读了后又只是此等人，便是不会读。”[3]此话虽是对宋人所讲，但更加切中当今时弊——读书只是读书，读书不能与生活合二为一。读书能够获取知识，知识也能转化为力量，这是人尽皆知的大道理。但其背后隐藏着一个更重要的问题，那就是，这种力量是造福人类还是祸害社会？空有知识，而不提升人生境界，就会出现鲍鹏山教授的担忧——“最可怕的是，我们培养了很多高学历的野蛮人”。[4]这绝非危言耸听！留意一下白领犯罪、公务人员犯罪、高学历人员犯罪的现象，我们就会心有同感，深以为然！

上大学，关键要学会养心！

---

〔1〕 冯友兰：《贞元六书》（下），中华书局2014年版，第704、705页。

〔2〕 十八大提出的社会主义核心价值观，既包括国家层面的价值目标，即富强、民主、文明、和谐；又包括社会层面的价值取向，即自由、平等、公正、法治；还包括公民个人层面的价值准则，即爱国、敬业、诚信、友善。

〔3〕 转引自朱熹：《四书章句集注》，中华书局1983年版，第43页。

〔4〕 鲍鹏山：“知识就是力量，良知才是方向”，载《解放日报》2015年4月3日第16版。

二、培养你的法商〔1〕

初次见到“法商”，是阅读清华大学张建伟教授的《法律稻草人》。“伫立在十字街口，看闯过红灯匆匆而去的背影，想起法商一词。”〔2〕

闯红灯这种现象，我们几乎司空见惯。为什么独独张建伟教授触景生情，想起了法商呢？何谓法商？在座诸位法商几何？如何培养法律人的法商？这是张建伟教授勾引起的、我想与大家交流的内容。

解读法商，不妨从其词根“商”字说起。说到“商”，有人会想起“情商”“智商”“官商”“玩商”等热词熟语，在安阳工作生活的人可能会因地缘之故想到“殷商”，对历史有兴趣的人可能会想起法家名人“商鞅”，等等。但我想起的是这样一句话：“除法运算中，被除数除以除数所得的数。”这是小学数学课本给“商”下的定义，有些拗口，短短11个字中接连出现3个“数”。尽管小学毕业已近30年，

〔1〕 2014年9月19日为2014级法学院新生开学典礼而写。

〔2〕 张建伟：《法律稻草人》，法律出版社2011年版，第40页。

但我依然记得清晰，说得流畅。概源于小学时被老师罚抄几十遍之故吧。但是，记忆不等于理解，清晰记忆不意味着透彻把握。或许因为愚钝，迟至近日，我才琢磨出“商”是一表达比较关系的概念，智商是智力年龄除以实际年龄的百分比，情商是情感品质在社会适应方面所占的比例。如果这种对“商”的理解不是浅见、偏见的话，那么，法商就是一个人的法律知识、法律素养对其法律行为的影响力，该影响力越大，法商就越高，反之亦然。就张建伟教授谈到的闯红灯现象而言，如果一个人时时处处都能遵守交通规则，那其法商可评价为100分，如果只能在四分之一的场合做到，那其法商就是25分。在座诸位，坦白地讲，你在遵守交通法方面的法商能得多少分呢？

张建伟教授之所以想起“法商”，不仅仅因为他的专业是法学，更在于法律作为社会调控手段，已经充斥于日常生活的方方面面，个人的吃喝拉撒、衣食住行、生老病死，无不受法律规制。比如，与舌尖上的吃货有关的《食品安全法》，与用水有关的《水法》，与呼吸有关的《大气污染防治法》，与出生有关的《居民身份证法》，与结婚有关的《婚姻法》，与死亡有关的《继承法》。可以说，现代社会中的人要须臾经受法商评判，只不过自觉或不自觉罢了。

既然法商无可回避，如何提升法商水平便是一个必须思考的意义重大的问题。试想，如果一个社会的法商水平普遍偏低，纵使法律繁密，终不过是纸上的宣示，而非行动指南，建设法治社会便如同流沙上的塔、海市中的楼。

提升法商水平对于在座诸位意义更加重大，因为你们是准法律人，是学习法律并将以法律为职业的人，是法治社会建设的生力军、中坚力量。你们的法商水平不仅关乎自身对法律的遵守，还引领着全社会的法律公信力，普通百姓正是通过你们将办理的一个个具体案件感受到公平正义的。

提升法商水平，建议从以下三方面着手：

第一，掌握系统而完备的法律知识。这一点的重要性无须赘言。你要通过在校四年的勤奋学习，深刻领会16门核心课程的基本理论、基础知识，顺利通过国家司法考试。对于法学院的学生来说，毕业证、学位证这两份书证只能证明你合格，仅此而已。证明优秀法学院毕业生的证据是法律职业资格证书、研究生录取通知书，当然，这两份书证只是证明优秀的必要条件而非充要条件。

第二，锤炼职业品质，像法律人那样思考和行为。据苏力教授考证，think like a lawyer是美国法学院对一年级新生的要求，希望他们尽快熟悉英美法的制度环境以及分析推理的一些基本技能。这句话移植到我国后，被有些学者改良为法律人思维，并归纳出法律人思维的特点，诸如，“以权利义务为线索”“普遍性优于特殊性”“合法性优于客观性”“形式合理性优于实质合理性”“程序问题优于实质问题”“理由优于结论”等。[1]尽管由法官、检察官、律师等组成

---

〔1〕 苏力：“法律人思维?”，载《北大法律评论》（2013年第2辑），北京大学出版社2013年版。

的集合概念即法律人的思维有无共性、这些特点是不是法律人独有等问题仍然存在争议，但不可否认的是，在现实中，人们常用法律人这一标签来评判某个人。走在校园内外，如果素不相识的人与你交谈后，主动说“你是学法律的吧”，那是对你的极大褒奖，也是老师殷切期望的，因为法律已经在你身上打上了烙印，已经渗入了你的血液和骨髓。

第三，培养对法律终生不渝的信仰。伯尔曼教授在《法律与宗教》一书中写道：“法律必须被信仰，否则它将形同虚设；没有信仰的法律将退化为僵死的教条。”〔1〕这些睿智的话语警示你，法律是神圣的，是公平正义的化身，是蒙上眼睛的正义女神，法律人要像虔诚教徒那样信仰法律。信仰法律就要理性看待法律。法律只是现有制度中相对合理的制度，它既非完美无缺，也并非无所不能。对于法律中不尽如你意的地方，你不应该像普通人那样停留在“愤青”式批评水平上，一味指责法律、鞭挞法律，更不应该以把它批驳得体无完肤为乐事。法律是你的家园，是你的恋人，你要以职业批判的眼光与标准使其完善，促其进步。信仰法律就要有秋菊式的执着，凡事讨个说法，用法意与人情衡量社会中的你与我、普天下的事与物。信仰法律就要向“二七”大罢工中的施洋律师学习，只听从于法律的召唤，不为金钱、权势、美女等各类诱惑低下你高贵的头颅。作为正义的

〔1〕［美］伯尔曼：《法律与宗教》，梁治平译，中国政法大学出版社 2003 年版，第 38 页。

使者，你要始终表现出铮铮铁骨、浩然正气。

法律是与人打交道的职业，是医治社会疾病的专业，对从业者素质有极高的要求，仅有法律知识、法律技能是远远不够的，还要有渊博的人文科学、社会科学知识乃至自然科学素养，要有本土意识，更要有世界眼光。这就决定了法商的培养是伴随你一生的过程，大学四年只是开端，但扣好你迈入这个职业中的第一粒纽扣至关重要。

祝愿你有优秀的法商！这不仅是老师的期待，更是你将来承担社会职责的要求，毕竟，法治中国、法治社会建设有你！

三、人生就是选择的不断展开[1]

黑格尔说，核心概念的展开就是全部理论。理论不可能从一套公理出发逻辑地从而线性地推演出来，而要围绕一个根本问题或者核心概念展开叙事，一环一环地循环展开，渐行渐远，如此波浪式前进，理论才得以拓展。

套用黑格尔的这句话，可以说，人生就是“选择”这一核心概念的展开。

选择是人生中的核心概念。生活中，我们要用概念表达思想，交流感情。有些概念如学习、工作等是我们经常使用的重要概念，伴随个人的一生，除了自己要面对外，还要拿来指导子女、学生、朋友。但它们并不是人生中的核心概念，因为这些概念描述的是事物的表象，停留在具体层面。比如，谈到学习、工作，我们头脑中会浮现学习法律、在高校工作这些画面，也可能联想到掌握知识、完成任务等抽象内容。与此同时，我们可能还会产生疑问：甲为什么学习法律？乙为什么在高校工作？经过一番了解，我们得知：甲学

[1] 2014 年 4 月 23 日为法学院考研动员会而写。

习法律是高考填报志愿时的主动选择，乙到高校工作是双项选择的结果。由此看来，工作、学习抑或家庭、生活等人生中的重要概念，其背后都隐藏着选择这一概念，选择成为它们的有效解释之一。在此意义上，我们说，选择是人生的核心概念。

在人的一生中，选择无处不在，无时不有。出生要选择医院（父母替我们选择），读书要选择学校，谈恋爱、结婚要选择对象，照顾子女要选择抚养方式，参加工作要选择职业，等等。不仅人生中的这些重要事情离不开选择，就是日常生活中的一日三餐、穿衣打扮、休闲娱乐等也面临选择。只不过有些选择是父母、老师、朋友替我们做出的，我们是被动选择，有些选择是我们自己主动做出的。有些选择无足轻重，可随意一些，但有些选择至关重要，选择不同，人生从此不同，俗语“女怕嫁错郎，男怕干错行”就是例证。

既然选择不可避免，如何选择就成了关键问题。如果一个选择可从正负价值即好与坏做出评判，理性选择相对容易，无疑要选择好的，抛弃不好的。但有时，我们要在“鱼与熊掌不可得兼”的情况下进行选择。比如，法学院的学生现在就面临参加司法考试（简称“司考”）还是参加研究生考试（简称“研考”）的困惑。这两个考试都是国家级考试，重要性自不待言。通过了司考就等于取得了法律职业的从业资格，考取了研究生就能进入心仪已久的高校深造，这让很多学生有鱼与熊掌兼得的欲望。但是，这两个考试前后间隔时间不长，司考安排在每年 9 月份，研考是 1 月份，它们的内容又有很大不同，研考除了考试法律专业知识外，还要考外语和政治，而司考的考点几乎涵盖了法学的全部学科。同时准备这两个考试，难度还是蛮大的。面对此种情况，有的学生选择从众——很多学生选择了考研，我也考研吧；有的学生选择崇拜——我佩服的成绩优异的某同学放弃了考研，我也全力准备司考吧；有的学生列了一张表格，从考试要求、知识现状、在有效时间内弥补二者差距的可能性、获得理想结果的收益率等方面对比两种考试，在此基础上做出自己的选择。以上三种选择方式的水平高低，毋庸赘言。我要说的是，列表基础上的选择不仅解决了本次选择的问题，还是培养独立思考能力的良好方式，应成为我们的思维习惯。当面对复杂情况时，我们就要自觉使用这种方法。如此一来，我们就能像法国作家蒙田所说的那样，不让自己的头脑成为别人思想的跑马场。

总之，选择的串联构成人生，每次独立思考后的理性选择导致思想的盘旋，串联和盘旋成就我们与众不同的出彩人生。

四、论卓越法学本科生的培养

——基于安阳师范学院的考察

实施卓越法律人才教育培养计划，必须厘清人才培养标准问题，即什么样的法学本科生是卓越的？卓越法学本科生应具备哪些特质？中央政法委员会、教育部联合颁布的《关于实施卓越法律人才教育培养计划的若干意见》（以下简称《意见》）做出了如下明确规定：“培养造就一批信念执著、品德优良、知识丰富、本领过硬的高素质法律人才。”法学本科生要想获得卓越的称谓，就必须同时具备以上四项素质，此即四位一体的卓越法律人才培养标准。作为河南省复合型、应用型卓越法律人才教育培养基地，安阳师范学院法学院积极探索卓越法学本科生培养之路：一是与年级、课程相适应，为学生推荐书目，定期开展读书活动，使学生具备结构合理的丰富知识，为其卓越奠定基础；二是以项目为抓手，实施四年一贯制的项目训练，循序渐进地培养学生的实践能力，因为扎实的实践能力是成就卓越的关键；三是将课程与活动、校内与校外相结合，对学生进行知识获取、价值评价、行为选择三个层面的法律职业道德教育，从价值观、人生观方面筑牢成就卓越的灵魂。

一、成就卓越的基础：结构合理的丰富知识

知识对于成就卓越的重要性，无须赘言。它如同粮食，如果一个人吃得过少，就会面黄肌瘦，谈何卓越？但是，吃得过多，或者食物搭配不科学，就会患上肥胖、营养过剩等疾病。诚如李中孚所言：“多饮多食，物而不化，养身者反有以害身。多闻多识，物而不化，养心者反有以害心。”〔1〕这种情况在知识爆炸、信息满天飞的时代更易出现，尤应引起我们的注意。在知识问题上，如何寻找一个合理的度，使其数量丰富并结构合理，就成为培养本科层次的卓越法律人才不得不首先破解的问题。

卓越法学本科生应有什么样的知识结构？讨论该问题，需要明确一个坐标系，否则，极易沦为见仁见智的争论乃至口水战。这个坐标系不能从学者的观点中去查找，即使是最优秀的学者，其认识也难免是一家之言，难以避免片面性（深刻的片面性仍然是片面性）。这个坐标系也不能从西方的法学教育中去寻找，我国与西方国家毕竟在法律制度、法治文化、教育理念等方面存在诸多差异。吕叔湘先生认为，教育的性质类似农业，而绝对不像工业。〔2〕盲目照搬别国

〔1〕 转引自钱穆：《劝读论语和论语读法》，商务印书馆2014年版，第123页。

〔2〕 转引自叶圣陶：《叶圣陶集》（第11卷），江苏教育出版社1987年版，第286页。

的教育经验，根本无益于人才的丰收。这个坐标系应从中国特色社会主义道路、理论、制度、文化以及法学学科的共性中去寻找。具体而言，应围绕中国特色社会主义道路、理论、制度、文化建构该坐标系的横轴，围绕法学学科的共性建构其纵轴。之所以称前者为横轴，是因为高等法学教育是中国特色社会主义道路、制度、理论、文化中的重要组成部分，绝不能离开它们谈论法学教育，这涉及培养什么样的人才这一办学宗旨问题，也涉及法学教育的本土化问题。之所以把后者称为纵轴，是因为法学是现代大学制度中最古老的专业，在长期的发展过程中，中西方均积累了大量的经典文献，它们对法学本科生的成长起着蓄水池式的作用。横轴能够丈量卓越法学本科生的知识广度，纵轴则提供丈量卓越法学本科生知识高度的标杆。

《中共中央关于全面推进依法治国若干重大问题的决定》是指导我国实施依法治国基本方略的重要纲领性文献，其第六部分“加强法治工作队伍建设”明确规定，要“培养造就熟悉和坚持中国特色社会主义的法治人才及后备力量”。“熟悉和坚持中国特色”是建构卓越法学本科生知识结构横轴的核心。法治人才及后备力量要“熟悉中国特色社会主义”，就需要深入了解我国的国情，包括中国当下的政治、经济、文化、地理、人文，还包括我国历史上的典籍制度、风俗习惯尤其是传统文化，为此，法学本科生应广泛阅读与此相关的书籍。比如，文学方面的经典名著，哲学方面冯友兰先生的《贞元六书》，历史方面黄仁宇先生的《万历十五年》，社会学方面费孝通先生的《乡土中国》等。法治人才及其后备力量要“坚持中国特色社会主义”是指，当中国特色社会主义遭受各种质疑、非难时，他们内心的中国特色社会主义信念毫不动摇，并敢于同各种不同声音正面交锋。这就要求他们在本科阶段了解西方的理论文化，学会鉴别、比较不同的观点与看法，以达到不被“乱花”迷眼的地步。为此，法学本科生要阅读西方的理论书籍，如托克维尔的《法国大革命》、汉密尔顿等人的《联邦党人文集》、鲁思·本尼迪克特的《菊与刀——日本文化诸模式》、科恩的《论民主》、罗尔斯的《正义论》等。

作为现代大学制度中最古老的学院和专业，自1158年波伦亚大学法学院成立以来，[1]法学已经有850多年的历史了。在漫长的历史进程中，它形成了独立完整的知识体系，积淀了一大批公认的学术经典。知识体系主要以教科书的形式予以传播，是法学院学生所掌握知识的最低限度。教科书自然不足以成为衡量法学本科生知识结构卓越的纵轴，纵轴只能由学生阅读的专业经典书籍来担当。本科四年，时间有限，加之第一年集中于通识教育，第四年偏重于学生就业，为本科生提供一份恰当的专业经典书目，使其能够循序渐进地研读，就成为卓越法律人才培养中颇费脑筋的一项工作。这项工作的复杂性在于：第一，要能激发学生阅读经典

---

〔1〕 转引自郑永流：《法学野渡》（第2版），北京大学出版社2013年版，第18页。

的兴趣，不能使其望而却步；第二，推荐书目要尽量兼顾所开设课程（不限于14门核心课程）；第三，时间安排上要与人才培养方案中的课程同步；等等。为学生推荐经典阅读书目，是必须慎之又慎的工作！在判断是否是经典时，我们可以借鉴冯友兰先生的方法，他认为，衡量经典有两个基本因素：时间和群众。“历来的群众，把他们认为有价值的书，推荐给时间。时间照着他们的推荐，对于那些没有永久价值的书都刷下去了，把那些有永久价值的书流传下来。从古以来流传下来的书，都是经过历来群众的推荐，经过时间的选择，流传了下来。”〔1〕

作为河南省卓越法律人才教育培养基地，安阳师范学院法学院数易其稿，最终为学生推荐了一份详细的专业阅读书目。一年级上半学期时，指导学生阅读法学教育类、法学随笔类书籍，如范忠信等人选编的《梁启超法学文集》、贺卫方主编的《中国法律教育之路》、郑永流教授为法学院新生所写《法学野渡》以及张建伟教授所写《法律稻草人》等法律随笔。这些书既能使学生对法学获得整体性认识，又兼具思想性、可读性，一下子就能吸引学生，引导他们进入法学之门。相反，如果学生一入学，就推荐他们读孟德斯鸠《论法的精神》、德沃金《认真对待权利》等部头较大、内容较抽象晦涩的书，他们就可能被吓退了阅读专业经典的热

〔1〕冯友兰：“我的读书经验”，载肖东发、杨承运编：《北大学者谈读书》，北京图书馆出版社2000年版。

情，严重者可能不再阅读经典，而去读些“浅之又浅”乃至错误百出的书籍。在学生进入一年级下半学期以及二、三年级时，根据所开设的专业课程，指导他们阅读部门法学中的经典。四年级时，主要指导他们阅读与法律实务相关的书籍。

表1　推荐书目一览表

年级	主要课程	推荐的阅读书目
一年级	法理学	彼得·萨伯所著《洞穴奇案》，博登海默所著《法理学：法律哲学与法律方法》，苏力所著《法治及其本土资源》等
	法制史	瞿同祖的《中国法律与中国社会》，范忠信等人的《情理法与中国人》，约翰·莫里斯·凯利的《西方法律思想简史》等
	宪法学	韩大元的《1954年宪法制定过程》，张千帆的《宪法学讲义》，汉密尔顿等人所写《联邦党人文集》，斯托林的《反联邦党人赞成什么——宪法反对者的政治思想》等
二年级	民法学	山本敬山的《民法讲义：总则》，王泽鉴的《民法学说与判例研究》，徐国栋的《民法基本原则解释：诚信原则的历史、实务、法理研究》等
	民事诉讼法学	新堂幸司的《新民事诉讼法》，张卫平的《推开程序理性之门》等
	刑法学	贝卡里亚的《论犯罪与刑罚》，张明楷的《刑法格言的展开》，陈兴良的《罪刑法定主义》等
	刑事诉讼法学	陈瑞华所著《看得见的正义》，亨利·J. 亚伯拉罕所著《司法的过程——美国、英国和法国法院评介》，萨达卡特·卡德里所著《审判为什么不公正》等

续表

年级	主要课程	推荐的阅读书目
三年级	国际法学类	何勤华等人所著《纽伦堡审判——对德国法西斯的法律清算》，弗里德里希·K. 荣格所著《法律选择与涉外司法》，马尔科姆·N. 肖所著《国际法》等
	行政法与行政诉讼法学	王名扬的《美国行政法》，胡锦光的《行政法专题研究》，洛克林的《剑与天平：法律与政治关系的省察》等
	其他部门法学	威廉·M. 兰德斯等人的《知识产权法的经济结构》，达玛斯卡的《漂移的证据法》，波斯纳的《法官如何思考》，刘剑文的《税醒了的法治》等
四年级	法律诊所	许身健的《法律诊所》，章武生主编的《模拟法律诊所实务教程》，苗鸣宇的《实案型民商事法律诊所研究》，诊所法律教育委员会编《刑事诊所工作手册》等
	律师实务	《律师之道——新律师必修课》《初级律师必修课——如何做好法律尽职调查》《别在异乡哭泣——一个律师的成长手记》等
	法官实务	邹碧华所著《要件审判九步法》，蔡小雪、甘文所著《行政诉讼实务指引》等

二、成就卓越的关键：扎实的实践能力

我国法学教育常遭受的一项诟病就是，学生实践能力较弱，普遍缺乏将法学理论、法学知识运用于法律实务的能力。当他们遇见法律纠纷、法律事务时，不会激活头脑中储存的法律知识，更不能以事实为线索将各部门法学的知识点

贯通起来。本科生如此，硕士生也好不到哪里去。他们走上工作岗位后，普遍需要用人单位安排经验丰富的同志予以传、帮、带，短则一两年，长则三五年。“法律实务界普遍反映本科生和研究生缺乏司法实际操作能力，对法院、检察院和律师事务所的实际运作方式缺乏了解，缺乏对具体案件进行分析和解决案件实际问题的能力，也就是缺少法律职业技能。实质是没有将所学的理论知识转化为可运用实践的知识技能。”〔1〕实践能力较弱的弊病，也可以称之为本领较弱，因为从词义上看，本领就是技能、能力。

为纠正学生实践能力较弱的弊病，《意见》针对性地提出卓越法律人才应有的“本领过硬”标准，即四项专业技能：法律诠释能力、法律推理能力、法律论证能力以及探知法律事实的能力。“法律诠释能力”一词，首次由学界讨论进入到官方文件中。《意见》不用大家熟知的“法律解释能力”而代之以“法律诠释能力”，根本原因在于要纠正现有法学教育偏重于知识体系传授之弊。进一步讲，现有模式下培养出来的学生，缺乏的不是从语法、逻辑、历史、体系等方面解释法律的“法律解释能力”，而是“法律诠释能力”。在诠释学大师伽达默尔看来，“法律诠释，一言以蔽之，在于其在因法律的一般性与案件的个别性之间的差异所进行创

〔1〕 张卫平：“‘个案全过程教学法’——开启实践教学方法改革新路”，载中国民事程序法律网 http://www.civilprocedurelaw.cn，最后访问时间：2015年11月8日。

造性活动”。[1]对于法律适用而言，建立在解释基础上的诠释尤为重要。创造性的法律诠释活动，与以下三项法律活动紧密相连：一是“找法”，即寻找能够适用于具体案件的法律规范；二是探知案件事实；三是确定并弥补前两者之间的鸿沟。从法学专业角度看，“找法”主要是一个三段论法律推理过程，即以现有法律规则作为大前提，将案件事实作为小前提，通过演绎推导出案件事实能否被特定法律规范所涵摄的结论。如果能够被涵摄，那么该规范就可以运用于特定案件，“找法”任务即完成。针对同一案件事实，受法律推理能力所限，受诉讼角色背后的利益制约，不同的诉讼主体所找到的法律规范可能不同，这就难免产生所找到的法律规范之间的冲突，并由此引发应该适用哪一个法律规范的法律论证。法律论证包含证明与反驳两个基本方面，只有同时兼顾这两个方面，才能保证、提高裁判结果的正当性与可接受性。法律诠释能力、法律论证能力、法律推理能力紧密相连，均服务于探知法律事实这一直接目的，也可以说，探知法律事实是三者的出发点和目的地。《意见》用“探知”而不用普通人常讲的“还原”，充分体现了诉讼认识的特性。诉讼认识不是诉讼主体对诉讼客体的单向解读，并不存在脱离诉讼主体的案件事实。案件事实具有主体间性，是诉讼主体在互动交流过程中建构起来的法律事实，即依照法律规定

---

〔1〕郑永流：“出释入造——法律诠释学及其与法律解释学的关系”，载《法学研究》2002年第3期。

的程序，运用合法证据建构起来的事实。“‘建构’不同于‘再现’”，[1]它克服了“再现”将诉讼认识局限于主体——客体的单一线性关系带来的主体互动关系缺失的缺陷，强调了多样性、异质性的认识主体在诉讼中的相互影响及其冲突，凸显了诉讼事实之难：“事实不是铁板一块，相反，它们是有着不同认知可行性的多种事实类型的大荟萃。一些事实属于不言自明的经验现象……更多的事实则属于复杂多变的社会建构的产物。”[2]

《意见》进一步明确了达致“本领过硬”的举措——强化法学实践教学环节，包括加大实践教学比重、加强校内实践环节、充分利用法律实务部门的资源条件等具体内容。为落实《意见》，各高校积极探索学生实践能力培养之路，“各院校单独设置的实践教学环节一般包括军事训练、社会实践（公益劳动、志愿服务、社会调查等）、学年论文、专业实习和毕业论文”。[3]有些高校还设置有体现自身特色的实践教学环节，如山西大学法学院开设的“辩论与口才初级”，中南大学法学院开设的“司法鉴定实验”，重庆大学法学院的“实践观摩教学”等。概言之，各高校培养学生实践能力的基本途径有二：开设相关课程、开展实践活动。

---

〔1〕 刘振红：《司法鉴定：诉讼专门性问题的展开》，中国政法大学出版社 2014 年版，第 295 页。

〔2〕［美］米尔吉安·R. 达玛斯卡：《比较法视野中的证据制度》，吴宏耀、魏晓娜等译，中国人民公安大学出版社 2006 年版，第 25 页。

〔3〕 朱景文主编：《中国法律发展报告 2013：法学教育与研究》，中国人民大学出版社 2014 年版，第 246 页。

所开设的课程，又可分为方法指导与实践指导两大类，前者侧重于法律方法论的讲授，如“法律逻辑”“法律文书写作”“法律方法论”等，后者主要是让学生了解法律实务，如“模拟法庭”“审判实务”“律师实务”等。各高校所开展的法律实践活动，亦可分为课堂活动、课外活动两类。课堂活动又可称为课内实践，是指与各部门法学的理论讲授相配合的教学环节，比如，在讲授刑事诉讼法时，专门安排两周时间，针对真实的案例开展各项具体教学活动，包括阅卷、分析证据、拟定庭审提纲和控辩要点、起草审理报告、合议庭评议等活动。课外活动既包括学生在假期进行的社会调查、法律见习，也包括学生在校内开展的法律辩论赛、模拟法庭比赛、法庭旁听等。

在学习借鉴其他高校先进经验的基础上，安阳师范学院法学院探索总结了四年一贯制的项目训练，即以项目为抓手，将课程、活动内容统一纳入项目中，四年不间断地开展。项目安排遵循由易到难、由部分到整体的循序渐进原则，一年级开展法律职业感知项目训练，二年级开展法律职业能力专项项目训练，三年级开展法律职业能力综合项目训练，四年级开展法律职业创新创业能力项目训练。四年一贯制项目训练，可以避免实践能力训练过多集中于高年级的弊端，因为三年级学生的主要精力在于准备司法考试，而四年级又忙着考研、找工作，此时进行实践能力训练可能会流于形式。再者，实践能力属于实践技艺，感知基础上的多练、勤练是培养该能力的不二法门，所以，应该四年不间断地对学生进行实践能力训练。

表2　安阳师范学院四年一贯制的项目训练

年级	项目类型	项目具体内容
一年级	法律职业感知项目	普通公文写作项目、演讲训练项目、市场调查项目、法律服务调查项目、法律机构观摩与报告、速录训练项目
二年级	法律职业能力专项训练项目	填充式法律文书写作项目、辩论项目、法律文献检索项目、证据运用训练项目、合议案件项目、书记员工作专项训练项目、法律援助项目（初级）、专业见习项目
三年级	法律职业能力综合训练项目	论述式法律文书写作项目、模拟考试项目（司法考试、公务员考试、考研）、模拟角色体验系统项目（审判、仲裁、谈判等）、法律援助项目（中级）、案例分析项目、企业法务训练项目、法律志愿服务项目
四年级	法律职业创新创业能力训练项目	专业实习项目、法律诊所教育项目、法律援助项目（高级）、模拟法庭竞赛项目、毕业论文、法律服务创业策划项目等

三、成就卓越的灵魂：高尚的职业伦理素养

法律职业具有技术性、公共性和自治性三大属性，[1]其公共性、自治性的表征就是法律职业伦理。该职业伦理要求法律从业者不能只关注技术理性及其带来的经济效益，而应从法律职业健康发展、法治社会建设等角度关心社会公共

〔1〕 李学尧：《法律职业主义》，中国政法大学出版社2007年版，第5~10页。

利益。否则，就会出现“法律知识越精巧，对社会的危害反而越大”的可怕后果。[1]白领犯罪、公务人员犯罪、法律职业人犯罪问题日益严重的现实，倒逼着我国法学教育要重视职业伦理教育。

对于卓越法律人才教育培养计划而言，进行法律职业伦理教育的必要性无须过多论述。[2]但是，我们更要看到“卓越”一词所彰显的职业伦理教育的重要性。如果把知识丰富看作成就卓越的基础，把实践能力扎实看作成就卓越的关键，那么，职业伦理素养高尚就是成就卓越的灵魂。因为职业伦理素养属于人生观、价值观范畴，它对专业知识、实践能力起着统领、指引、协调作用。在它的指引下，学生学习专业知识、锻炼实践能力的主动性、积极性等内在动机会更加清晰与强烈，亦会自觉弥补自己在专业知识、实践能力方面的缺陷。如何使法学本科生养成高尚的职业伦理素养，是实施卓越法律人才教育培养计划中必须切实下大功夫解决的核心问题。

本文用“职业伦理素养”而不用“职业道德”，是基于以下考虑：第一，它能准确针对法科学生只是“准法律职业人”或未来法律职业人的特点，亦与法学的素质教育属

---

〔1〕 曹义孙：“中国法学教育的主要问题及其改革研究”，载《国家教育行政学院学报》2009年第11期。

〔2〕 关于这方面的研究，可以参见刘坤轮：“法律职业伦理教育必要性之理论考察——以美国、澳大利亚、加拿大和韩国为比较”，载《中国法学教育研究》2013年第4期。

性相呼应；[1]第二，它能准确描述法学院在培养学生职业道德方面的力所能及。就权能及归属来看，职业道德包括教育、管理、处罚等三项基本权能，它们主要隶属于职业管理部门或职业人员所属单位，法学院有能力行使的仅是其中的教育权能，因为学生尚未进入职业部门，谈不上职业管理与处罚。该教育包括知识获取、价值评价、行为选择三个基本层面。知识获取就是使学生掌握法律职业道德的标准，价值评价就是训练学生运用职业道德标准评价自己或他人的行为，而建立在价值评价基础上的行为选择会使学生自觉做出符合职业道德标准的行为。其中，知识获取是基础，价值评价是中介，行为选择是目的，当行为选择、价值评价面临困惑时，又需要从知识中汲取营养。

内容决定形式。法学院在培养学生高尚职业道德素养时，不能采用某种单一方式，而应采取与以上三个层面相适应的综合方式。知识层面的法律职业道德教育，可以通过课程讲授的方式进行。有些高校已经开设法律职业伦理课程，但在课程性质（必修或选修）、所占学分、主讲教师、选用教材等方面各有不同。[2]解决这种无序状态，迫切需要教育主管部门出台相关政策，把法律职业伦理课程规定为核心

〔1〕目前，在法学教育属性问题上，占主导地位的看法是强调它的职业性。但从课程设置来看，一年级主要是通识教育课程，素质教育是法学教育的重要内容。所以，比较全面的认识应是，法学教育是建立在素质教育基础上的职业教育。

〔2〕详细内容见袁钢、刘璇：“高校法律职业伦理课程的调研与分析”，载《中国法学教育研究》2012年第1期。

课程。如何进行价值评价、行为选择层面的法律职业道德教育，这是国内法学教育界面临的崭新课题，也是共性困惑。在借鉴法律职业伦理教育已经形成完整系统的加拿大、美国等国经验的基础上，[1]我们认为，价值评价层次的职业教育要立足于法学的论辩性特点，通过开展蕴含价值评价的系列比赛活动、讨论活动来进行，具体包括：在一年级开展课前五分钟演讲比赛，在二年级开展社会热点与法律问题辩论赛、法律电影欣赏与评论，在三年级开展主题征文比赛等。只有通过讨论与辩论，才能使学生把肯定和否定、价值和负价值区别开来，进一步打牢把可能价值变成现实价值的基础。能够做出恰当的价值评价，具备正确的价值观，并不必然导致学生实施符合该价值观的行为，因为学生行动还受其内在情感与意志、外部环境等因素影响，所以，行为选择教育必须贯彻“做中学”理念，通过设计以学生为主角的实践活动，并予以长期训练，以使学生行为具有可预测性乃至形成惯性。锻炼学生实践技能的诸多活动包括法律援助、法律诊所、模拟法庭，均包含有行为选择教育的内容，可用于行为选择教育。但是，这类实践活动涉及的案件多为学生被动接受，是法律援助中心或案件当事人主动找到学校的，其内容多涉及别人的问题或困难，有时难以使学生生发出与己相关的切肤之痛，而这种切肤之痛恰恰是培养法律信仰所必

---

〔1〕 关于这些国家开展法律职业伦理教育的详细介绍，参见刘坤轮：“法律职业伦理教育之比较研究——以美国、澳大利亚、加拿大和韩国为比较”，载《中国法学教育研究》2014 年第 4 期。

需的。为弥补此缺陷，安阳师范学院法学院探索了“自诉案件教学法”。

“自诉案件教学法”的理论基础是社会问题法律化，即将社会问题转化为法律问题；其措施是鼓励学生制造案件，并在教师的指导下办理。该方法包括以下两方面的基本内容：第一，学生可将与之相关的民事纠纷转化为民事诉讼案件。学生虽然生活于校园，但其作为社会人每天均要实施大量民事行为，最常见的是购买物品、接受服务类的消费行为，以及打工类的劳动雇佣行为。在从事这些行为的过程中，有时难免产生纠纷。法学专业学生不能对此类纠纷等闲视之，要用专业眼光认真对待权利。如果协商类自力救济方式难以解决纠纷或者没有达到预期效果，就要理直气壮地向人民法院提起民事诉讼。这样做，不仅使学生熟悉了民事诉讼流程，锻炼了法律实践能力，更重要的是亲身体验了当事人的复杂感情。此类当事人经历给学生带来的收获，远非几堂课所能比拟。该经历会促使他们推己及人地站在当事人立场处理法律实务，有助于他们在进入法律职业后更加谨慎地尽职尽责。

第二，学生可依据《宪法》赋予的公民监督权提起行政诉讼。《宪法》第41条规定：公民对于任何国家机关和国家工作人员的违法失职行为，有向有关国家机关提出申诉、控告或者检举的权利。如果公民对受理机关的处理决定不服，可依法提起行政诉讼。最高人民法院公布的“奚明强诉中华人民共和国公安部政府信息公开案”、“张风竹诉濮阳市国土资源局行政不作为案”，[1]可作为学生依据监督权提起行政诉讼的范例。以诉讼的方式履行公民监督权，是积极守法精神这种公民意识的外显，[2]是培养公民意识的重要方式，而公民意识是中国法治进程的重要内驱力，对于全面推进依法治国具有极其重要的意义。现有法学教育忽视对学生进行这方面的教育与引导，不能不说是重大缺憾。

表 3　法律职业伦理素养教育

教育内容	教育方式
知识传授	讲授法律职业伦理课程
价值评价	开展蕴含价值评价的系列“论辩”活动，包括演讲比赛、辩论赛、征文比赛、电影欣赏与评论等
行为选择	“自诉案件教学法”，即鼓励学生制造案件，并在教师指导下亲自办理的教学方法：第一，学生将与之相关的民事纠纷转化为民事诉讼案件；第二，学生可依据公民监督权提起行政诉讼

四、结　语

如果说《意见》明确了培养卓越法律人才的共性要求，那么安阳师范学院的探索体现了一种特殊性，即地方院校如

---

〔1〕 关于这两个案件的详细报道，见中国法院网“典型案例”版块（http://www.chinacourt.org），最后访问时间：2015 年 11 月 10 日。

〔2〕 马长山：“公民意识：中国法治进程的内驱力”，载《法学研究》1996 年第 6 期。

何教育培养卓越法学本科生。再者，卓越一词具有动态属性，此时的卓越并不意味着终身卓越。本科阶段的卓越只是奠定了入职后卓越的基础，入职后的卓越尚需实务工作中的诸多磨炼，包括政治理论修养的提高、业务技能的提升、法治信仰的进一步坚定等。如何实现本科与入职后卓越的贯通性，是深化法学教育改革必须思考的问题。

五、卓越法学本科生怎样阅读

“在文字社会中，学习阅读是一道入会仪式，一个告别依赖与不成熟沟通的通关仪式。”〔1〕

徜徉于校园，随处可见手捧书本的学子，琅琅读书声不时飘过耳际。不由心生欣慰，学风浓厚，孺子可教啊。驻足静听，学生所读多为考研内容，阅读方式多为机械记忆，同一句话读三五遍者大有人在。又不由心生疑惑，大学读书该这样吗？

如果把人生比喻为航行，小学、中学游弋于江河湖泊，大学就驶入了海洋。穿越波涛汹涌的海洋，不能依靠浅行于江河的一叶扁舟，这是基本常识。但有的大学生似乎不能扩展运用这一常识，仍在使用中学甚至小学的学习方式，并希望借此完成大学的任务，这就难免出现上述现象。若想改变这种状况，就需要有取代独木舟、小舢板的远洋巨轮，这就是革命后的学习方式。

〔1〕［加拿大］阿尔维托·曼古埃尔：《阅读史》，吴昌杰译，商务印书馆2011年版，第89页。

学习方式之所以要革命，在于学习内容的不同。终身学习的理念已经广为流传，很多人认识到人生就是一个学习不停拓展的过程。但是，很多人不懂得，人生不同阶段中所学的知识并不属于同一类型。小学、中学学习的是常识性知识，是现代人应知、应会的知识；而大学要学习的是专业知识，这是从事某一职业的人应掌握的知识。常识性知识围绕“是什么”、“怎么样”来组织，而专业知识更多围绕“为什么”来建构。比如，小学阶段我们被教育要遵守交通规则，“红灯停，绿灯行”；中学阶段我们懂得遵守交通规则不仅有助于保障自己生命财产的安全，还是维持社会秩序的需要；到了大学阶段，我们就要反思为什么交通规则在现实生活中得不到遵守？为什么会产生中国式过马路问题？为什么知法与守法相分离？根据学习内容改变乃至革命性转变学习方式，其必要性毋庸置疑。

实现学习方式的革命，首先要革命阅读方式。受高中传统语文教学的影响，很多学生仍然习惯于逐字逐句地读。依此方式，要实现优秀文科大学生 400 本以上阅读量的任务（犹太人人均一年读书 76 本），即使将四年时光全部用于阅读，这也几乎做不到。更何况现代大学生活是如此的丰富多彩，读书虽然是主体，但并非全部。思考、写作、健身、交友、旅游等有益于个人全面发展的其他活动，也都需要分配一定的时间。否则，大学就变成了“专业读书坊”，人也就变成了书呆子。要在自由支配的有限阅读时间内，读更多的书进而获取更多的精神食粮，就必须区分精读、泛读与快读，就要养成泛读而不是精读的习惯，即拿起一本书就习惯性地开始泛读。顾名思义，泛读就是泛泛地读，快速地读，一目十行地读。优秀的泛读者，其读书之快几乎与翻书动作同步，手翻过一页书，眼睛也就读过了一页书。如果以每页500字的标准计算，优秀泛读者一个小时能读100页以上。达到如此快的速度且又能把握内容概要，不是天生的本领，而是反复训练的结果。自去年开始，我组建了“洹上法学读书促进会”，旨在培养法学院新生的泛读能力。刚开始，同学们普遍反映：读得快了，记不住书上的内容。此时，他们对阅读的理解停留于表面：阅读等同于记忆。经过几个月的训练，他们在阅读方式上实现了一次蜕变，不再复述书的内容，而是评论作者观点的优劣得失，以较为清晰的论证思路来谈论自己对相关问题的看法。不知不觉中，他们对阅读的理解改变了。阅读是一剥丝抽茧的过程。几千字甚至上万字的文章，你要提取的只是能够转化为你自己知识的几句话或者上百字。阅读是以问题为核心的滚雪球过程，为解决某一问题而读的第一本书，无异于第一粒雪，其中的参考文献指引你进一步阅读，文献中的文献又构成新的阅读对象……一路读下来，也就形成了以问题为核心的知识体系。相反，如果缺乏问题意识，随意抓起一本书就读，或许有助于开阔视野，但信息时代提供的海量书籍会使人应接不暇，更难以有效地建立起本科教育所应有的知识结构。

强调泛读并不是说精读不重要，我们这里所论及的主要是有些学生泛读能力普遍缺乏的实际现象。在本科四年乃至以后的阅读过程中，一定要运用好泛读与精读这两种相互配合的阅读方式。对于本学科公认的经典，必须拿出足够的时间精读，要反复地读，细致地读，尤其要做读书笔记。不熟读本学科公认的经典，就无法与学术共同体展开对话，就会沦为自说自话。你自认为提出了一个新问题，或者对某一问题找到了更好的解决方案，颇为得意。殊不知，学术界早已解决了该问题，别人对该方案论述得更加全面而深刻，只不过受阅读视野所限，你不知道罢了。除了精读本学科公认的经典之外，还要建构自己的精读书目。法科学生，绝不能把视野局限于法学，一定要广泛涉猎人文科学、社会科学中的名著，尤其是中国传统文化典籍，这是凝练形成中国特色社会主义法律文化必不可少的本土资源。钱穆先生认为，中国人人人必读《论语》，普通人要读 40 遍，其生活与书本文字隔离不太远的人，要读 100 遍以上。[1]若把公认的经典书目视作学术界的公器，那么，自建的经典书目就成了自己的秘密武器，是形成自己思想乃至写作风格的基础，而泛读的一项作用就是为此种“自建”挑选“建材”。泛读之后，觉得契合自己的思想或风格，能使自己受益，就把它纳入精读的范围，长此以往，自己的秘密武器就会越积越多。秘密武器的数量与种类，奠定了一个学者学术思想宽广度、深厚度、影响力的基础。

---

〔1〕 钱穆：《劝读论语与论语读法》，商务印书馆 2014 年版，第 1～2 页。

六、卓越法学本科生阅读什么

“阅读什么”、“怎样阅读”是紧密联系的两个问题，前者关注阅读对象，后者探讨阅读方法。法学本科生的阅读范围无疑要尽量广泛，但亦不能泛滥无边。本着“宽基础，厚人文”的指导思想，按照循序渐进与课程相对应的原则，我们为有志于成长为卓越法律人的法科学生推荐以下阅读书目。

一年级

一、导学类

1. ［美］肯·贝恩：《如何成为卓越的大学生》，孙晓云、郑芳芳译，北京大学出版社 2015 年版。

［**推荐语**］作者贝恩教授历经 30 余年持续研究，深入采访了诺贝尔化学奖得主达德利·赫施巴克、《哈利·波特》作者 J. K. 罗琳、掌上电脑发明人杰夫·霍金斯等数十位卓越大学生，探讨了这些极具创新精神的人如何通过大学教育改变他们的思维方式，如何通过大学教育做出睿智而关

键的决定，最终脱胎换骨，成长为生气勃勃、富有创造力的人。作者把美国最新的学习理论和学习策略与受访者生动具体的学习成长经历结合在一起，揭示了卓越大学生的成长之谜。

2. ［美］莫提默·J. 艾德勒、查尔斯·范多伦：《如何阅读一本书》，郝明义、朱衣译，商务印书馆2014年版。

［推荐语］ 该书初版于1940年，1972年大幅增订改写为新版。不论什么时候读，都不能不叹服作者对阅读用心之深，视野之广。不懂阅读的人，初探阅读的人，读这本书可以少走冤枉路。对阅读有所体会的人，读这本书可以有更深的印证和领悟。这是一本有关阅读的永不褪色的经典。

3. ［美］尼尔·布朗、斯图尔特·基利：《学会提问》，吴礼敬译，机械工业出版社2013年版。

［推荐语］ 该书是一本非常经典的批判性思维读物，很出色地完成了传授批判性提问的技能这一目标，既简洁又全面，实践指导性很强，会对同学们提供很大的帮助。

——新东方教育科技集团俞敏洪

二、文学类

文学不读尚无定论的书，只读经典名著或者获奖的书。兹推荐以下两本。

1. 钱穆：《劝读论语和论语读法》，商务印书馆2015年版。

［**推荐语**］“《论语》应该是一部中国人人人必读的书，不仅中国人，将来此书，应成为一部世界人类的人人必读书。”

——钱穆

2. ［英］阿瑟·柯南·道尔：《福尔摩斯探案全集》，陈羽纶、丁钟华等译，群众出版社2014年第2版。

［**推荐语**］柯南·道尔笔下的福尔摩斯享有世界声誉，他知识渊博（尤其是医学、生物学和化学），观察细致，办案投入，推理缜密（善用逻辑学和心理学），屡屡破获疑难案件。欧美一些警察学校，现在还常常选用福尔摩斯的一些探案案例作为考题或案例分析的典范。

著名华裔神探李昌钰博士为该书写的推荐语：“希望海内外读者从阅读福尔摩斯探案故事中汲取真正的智慧，养成缜密分析问题的科学头脑。”

三、哲学、历史学类

1. 冯友兰：《新原人》，北京大学出版社2014年版。

［**推荐语**］冯友兰先生认为，人生哲学是中国对世界哲学乃至人类文明的贡献，“哲学是对人生底有系统底、反思底思想”。该书以西方现代性精神为参照，对中国传统人生哲学的主要观念进行了理性认知，提出了“人生的四种境

界”——自然境界、功利境界、道德境界、天地境界，对人生“自由”的实现、“自由”的认知和“自由”的规范进行了新的诠释。它系统明确地建立了人生哲学体系，实现了传统人生哲学的现代性转化。

[**延伸阅读**] 冯友兰用“三史释古今，六书纪贞元”总结自己一生的学术成就。“三史”指《中国哲学史》、《中国哲学简史》、《中国哲学史新编》，“六书”包括《新理学》、《新事论》、《新世训》、《新原人》、《新原道》、《新知言》。

冯友兰继承和阐发了程朱理学的传统，重建了自己独特的哲学思想体系，自觉地运用了西方近现代哲学所取得的成就对中国传统哲学进行发掘和阐述，在传统的基础上创建了新体系，推动中国哲学从传统进入现代，并面向世界，开创了中国传统哲学现代化的新局面，为中国当代哲学的发展增添了新的篇章，在国内外享有盛誉，成为一代哲学宗师。他的主要论著收入《三松堂全集》。

2. [德] 汉斯－格奥尔格·伽达默尔：《诠释学Ⅰ：真理与方法》《诠释学Ⅱ：真理与方法》，洪汉鼎译，商务印书馆2010年版。

[**推荐语**] 本书志在阐明哲学诠释学的基本特征，使得诠释学从认识论和本体论转向了方法论。该书认为：理解和解释依赖于主体的前见所构成的视域和当下视域的融合。该书在思想上具有的穿透力是毋庸置疑的。对于学习法律的人来说，能够为“解释学”做出的贡献当在“应用”方面，

而这恰是我们在研究法律解释和法律方法问题时要注意的。

3. ［美］黄仁宇：《万历十五年》，中华书局2007年版。

［推荐语］ 黄仁宇先生对明朝末期一个年份的聚焦，使读者深切感受到了那时中国官僚阶层的运作方式。这本书资料丰富，论证翔实，对中国的发展道路做出了鞭辟入里的分析和论述，绝对属于上乘之作。

——哥伦比亚大学教授L. 卡林顿·富路特

这是一部奇特的书。它引人注目，发人深省，却也带有一点神秘的温和气息，恰如本书的主角——明代的官僚们。

——美国作家欧蒲台

［延伸阅读］［美］黄仁宇：《资本主义与二十一世纪》，三联书店2006年版。

4. ［法］托克维尔：《旧制度与大革命》，冯棠译，商务印书馆1992年版。

［推荐语］ 该书通过对大量史实的分析，揭示了旧制度与大革命的内在联系。法国大革命似乎要摧毁一切旧制度，然而大革命却在不知不觉中从旧制度继承了大部分情感、习惯、思想，一些原以为是大革命成就的制度其实是旧制度的继承和发展。作者不仅对法国大革命的起因与后果提出了一种开创性的解释，还提出了许多引发后来史学家和政治学家思考与探索的现象与问题。该书是一部关于法国大革命研究

及启示的著作。

5. [美] 柯文：《历史三调：作为事件、经历和神话的义和团》，杜继东译，江苏人民出版社2000年版。

[推荐语] 历史是什么？到底应该怎样看历史？人们经历的历史、历史学家笔下的历史、神话化的历史，三者之间到底存在怎样的互动关系？该书以义和团为例，对上述问题进行了探讨和解释。是否可以借鉴该书方法论，研究诉讼中的事实？

6. 吴思：《潜规则——中国历史中的真实游戏》，复旦大学出版社2009年版。

[推荐语] 该书透视中国社会实际运行的游戏规则。为什么在我们的正式制度外，还会有一套更为适用的潜在的规则？作者从历史中的故事投射到当今的现实。我们可以从中反思：法律在生活中真正起作用的条件是什么？法律的道德善恶与实际的利害格局存在什么样的关系？我们是在自我欺骗的冰山上生存，还是在苦涩的反省中奋起？

四、社会学、政治学类

1. 费孝通：《乡土中国 生育制度 乡土重建》，商务印书馆2011年版。

[推荐语] 《乡土中国》《生育制度》和《乡土重建》这三本书也许可以代表费孝通汉人社区研究的最高成就。

《生育制度》，可以视为其从人类学的角度，对乡土社会进行通盘理解的初步尝试。继而，在《乡土中国》中提出了一个文化的理想类型，在《乡土重建》中则显露出对这一文化理想类型之结构的探讨。

——杨清媚

［**延伸阅读**］贺雪峰：《新乡土中国——转型期乡村社会调查笔记》，广西师范大学出版社 2003 年版；吴重庆：《无主体熟人社会及社会重建》，社会科学文献出版社 2014 年版。

2. ［美］鲁思·本尼迪克特：《菊与刀——日本文化诸模式》，吕万和、熊达云、王智新译，商务印书馆 2011 年版。

［**推荐语**］此书著者是一位从未到过日本的美国人，她搜集了如此大量平凡而又重要的事实材料，生动地描绘了日本人精神生活和日本文化的全貌，引导出基本的、总体来看又具有决定性意义的各种特征……社会学论著往往重视各种现象量的分析，这本书则重视研究社会结构及其功能，重视文化的整体及其各种内在联系。这正是文化人类学的方法。

——日本法学者，法律社会学、
法律文化学奠基人川岛武宜

3. ［美］哈罗德·依罗生：《群氓之族——群体认同与

政治变迁》，邓伯宸译，广西师范大学出版社2008年版。

［推荐语］族群意识可以建立一个国家，也可以撕裂一个国家，该书可谓洞烛先见，早已看到了这股力量经久不衰的重要性；同时，这又是一本文采斐然的大作，旁征博引，巨笔如椽，而这种得天独厚、与时俱进的能力，却又不失学术的严谨深思，正彰显出作者的与众不同。

——著名中国研究学者白鲁恂

4. ［法］涂尔干（又译迪尔凯姆，杜尔干）：《社会分工论》，渠东译，生活·读书·新知三联书店2000年版。

［推荐语］作者乃与马克思、韦伯齐名的社会学思想大家。本书是作者确立自己思想理路的开山之作。书中提出了“社会团结”、“集体意识”、“社会分化与整合”等重要概念，对“机械团结”、“有机团结”、“压制性制裁”、“恢复性制裁”等二元划分及历史规律进行了探讨。

［延伸阅读］［法］埃米尔·迪尔凯姆：《自杀论》，冯韵文译，商务印书馆2011年版；［法］E. 迪尔凯姆：《社会学方法的准则》，狄玉明译，商务印书馆2011年版；［法］爱弥尔·涂尔干：《宗教生活的基本形式》，渠东、汲喆译，商务印书馆2011年版。

5. ［美］杜赞奇：《文化、权力与国家（1900～1942年的华北农村）》，王福明译，江苏人民出版社2010年版。

［推荐语］本书对1900～1942年的华北农村作了详细的

个案研究。作者力图打通历史学与社会学的间隔，以“国家政权建设”和“权力的文化网络”这两个概念为中心，以文化和权力的关系为出发点，以对各种象征符号的评说为理路，探讨了现代化背景下的权力运作模式和传统的文化认同等问题。作者所运用的社会史的研究方法尤其值得我们学习和品味。

6. 蔡定剑：《民主是一种现代生活》，社会科学文献出版社 2010 年版。

［**推荐语**］该书通过对民主理论的正本清源，阐述了民主的真正价值、民主对经济社会发展的作用、民主的发展形式，对反民主的观点做出了回应。它让你了解什么是真正的民主，我们如何实现民主。现在各国的民主已不仅是通过选举产生的议会讨论和决策，还包括利益集团的影响和街头行动，非政府组织的广泛参与，第四权力媒体无所不在的监督，这都已经超出了选举议会式的民主模式。民主已不仅是一种国家制度的形态，而且成了一种社会形态和广大公众的生活方式。

7. 刘小枫：《沉重的肉身——现代性伦理的叙事纬语》，华夏出版社 2015 年版。

［**推荐语**］这部著作用清新流畅的文笔解读了一批现代作家的经典之作，并通过复叙事使一个个沉淀在我们生活中习以为常的伦理问题真正成了问题。毕希纳、昆德拉、卡夫

卡、基斯洛夫斯基这些卓越的叙事思想家的叙事在刘小枫的喃喃复叙事中重新又鲜活了起来，呈现着它们敞开着的意义……我们要做什么样的人？我们的道德是一个什么样的现状？我们怎样去把握生命？我们又如何看待艺术与人生？

［**延伸阅读**］刘小枫系列文集：《诗化哲学》《这一代人的怕和爱》《走向十字架上的真》《拯救与逍遥》。

五、法学教育、随笔类

1. 梁启超：《梁启超法学文集》，范忠信等选编，中国政法大学出版社2000年版。

［**推荐语**］作为法学家的梁启超对中国法学的开创性贡献理应为青年学生所了解和认识。梁氏一生的法学著述，至少在300万言以上。仅就篇幅而言，不亚于沈家本的《历代刑法考》《寄文存》及少量未刻法学文稿。至于严复的《〈法意〉按语》及《侯官严氏丛刻》《严侯官全集》中的少量法学论著，在篇幅上远不能与梁启超相比。该书的末尾附有梁启超所有法学著述的总目录，读者可以从这份目录中看出梁启超所涉猎的法学领域是何等广阔。

2. 贺卫方编：《中国法律教育之路》，中国政法大学出版社1997年版。

［**推荐语**］该书是一部研究中国法律教育的文集。其中既有几位活跃的青年学者对中国当今法律教育现状的分析和评论，也包括台湾地区著名中国法制史学家张伟仁探索中国

古典法律教育的经典论文，夏威夷大学教授康雅信（Alison W. Conner）对东吴大学法学院的精湛研究，以及美国法学大师庞德（Roscoe Pound）50 年前对中国法律教育走向的独到思考与见解。另外，《中国法律教育之路》又收入中国学者观察域外法律教育的三篇文章。最后，附录中全面评述此前研究成果的文献述要和文献索引将会为今后的研究提供便利。

3. 冀祥德主编：《中国法学教育现状与发展趋势》，中国社会科学出版社 2008 年版。

[**推荐语**] 这是一部专门以中国法学教育为主题的著作，作者对中国法学教育的历史进行了全面回顾；对中国法学教育的现状进行了客观的描述；对中国法学教育中存在的问题进行了深入的剖析；对中国法学教育的未来进行了审慎的展望。

4. 郑永流：《法学野渡——写给法学院新生》（第 2 版），中国人民大学出版社 2013 年版。

[**推荐语**] “野渡”二字，不由让人想起唐朝诗人韦应物的“春潮带雨晚来急，野渡无人舟自横”。作者的文学修养、广博知识、精辟分析，决定了该书具有极强的可读性，这不是一本板起面孔说教的书。尽管作者追求“浅显复浅显”，但本书实为精通法学交响乐之后才能谱写的雅致小调。

5. 冯象：《木腿正义》，北京大学出版社2007年版。

[**推荐语**] 我相信此书对于专事法律的同仁来说，应该是一个极好的启迪案本。作者凭借自身的文学学科的优势，游刃于法律和社会之间。该书对法律个案层层剥离，既立意深远，又视野宽广，不失为一本值得一读的好书。

[**延伸阅读**] 冯象：《政法笔记》，江苏人民出版社2004年版。

6. 张建伟：《法律稻草人》，北京大学出版社2011年版。

[**推荐语**] 莫言在该书序言中讲："张建伟教授的法律随笔文集兼具知识性、趣味性与文学性。……他的思维严谨、理性，是洞若观火的冷静思考，他的思路却是跳跃的，文字是活泼的，他把自己广博的法律、文史知识和对文学的雅好熔于一炉，并把自己的理性和严谨巧妙地隐藏其中，就像盐溶于水，只有读过了，你才能感受到其中无痕有味的妙趣。因此，读张建伟教授的法律随笔，你既不会厌倦于枯燥，也不会失望于浅陋。"

7. 《法学家茶座》系列，山东人民出版社。

[**推荐语**] 该系列书籍被称为"法学界的院士普及丛书"，每3个月出版一辑。让法学走出超尘脱俗的"象牙塔"，步入寻常百姓家，让法治体现人文关怀，让读者与法学名家轻松对话，是该书的旨趣。读者可以在轻松、高雅的

茶香氛围中，与名家探讨中国法治进程中的理论与现实问题。

8. 谌洪果：《法律人的救赎》，中国民主法制出版社 2011 年版。

［**推荐语**］该书最为重要的视角之一，便是透过现实与影像，考察那些法律职业共同体中“连体兄弟”的不同命运。作者通过对法律影像和著述的评价，审视学术努力的方向和法律人行动的意义；通过对司法个案的观察，对法治问题做出把脉和诊断，从而展现尊重法律职业逻辑的重要性。

——摘自黄兴超为该书写的序言

［**延伸阅读**］贺卫方、於兴中、张千帆联袂推荐的“独角礼丛”，包括张千帆所著《宪在：生活中的宪法踪迹》、谢晖所著《法林守道》、龙大轩所著《法象万千》、张海滨所著《法律的异邦》、吴丹红所著《法律的疼痛》、何志辉所著《法政边缘》。

9. 林达：《总统是靠不住的：近距离看美国之二》，生活·读书·新知三联书店 2006 年版。

［**推荐语**］作者以信件的形式，从“美国总统是什么？”这样一个问题开始，用一连串的故事，层层铺排出美国政治法律制度的基本原理，并深刻地探讨美国是如何在自身的制度系统中，通过“平衡和制约”去实施对权力的监督和限制的。

［延伸阅读］作者“近距离看美国三部曲”的另外两部：《历史深处的忧虑——近距离看美国之一》和《我也有一个梦想——近距离看美国之三》。

二年级

一、导论类

1. ［美］博西格诺等：《法律之门》（第8版），邓子滨译，华夏出版社2007年版。

［推荐语］该书是美国各大学法学院比较通用的一本法律教科书。在学习法律教科书过程中成长起来的中国学生，面对这样一本书，一定会感到十分新奇。该书可以看作是一部英美法的微型百科全书。它具有广泛性、生动性、开放性特点。法律教科书的功能是引导法科学生进入法律之门，该书的翻译和出版，为我们熟悉英美法教科书打开了一扇便捷之门。

——摘自陈兴良教授为本书中译本所写的序言

2. ［德］拉德布鲁赫：《法学导论》，米健、朱林译，中国大百科全书出版社1997年版。

［推荐语］拉德布鲁赫写此书的意图是：为处于职业选择阶段的未来法律工作者们提供一部导论，人们有理由期待的一部法律科学导论。该书是“拉德布鲁赫除《法哲学》之外最负盛名、最有成果的一部书，它多次再版并有数种文

字的译本，享有世界声誉”（考夫曼为该书中译本所写序言）。该书思想深邃，但又深入浅出，语言精辟，书中很多观点已经成为法学界的格言警句。

3. ［美］彼得·萨伯：《洞穴奇案》，陈福勇、张士泰译，生活·读书·新知三联书店2012年版。

［推荐语］ 50年前，法理学大家富勒假想了“洞穴奇案”，虚构了最高法院上诉法庭五位大法官对此案的判决书。这一著名的公案成了后来西方法学院学生必读的文本。50年后，法学家萨伯延续富勒的游戏，假设了另外九位大法官针对这个案子发表的判决意见。他们真的有罪吗？

“书一拿起来就放不下的有很多。但这本‘奇案’读起来非常沉重，重到我必须把自己的心提起来读，才能把每一位法官的观点弄清楚，而且一路读来，我心中的影像不停地变化，思辨的方向也一再调整，最重要的是对人、事、物与社会、文化的关联性，好像越来越能把握，对所谓人性的定义却越来越感到不可以掉以轻心。把书读完第一遍以后的感觉是，自己在思维的层次上有明显的进步，深度、广度都成熟多了！”

——台湾地区“中研院”副院长曹志朗为该书写的《推荐：期待第15个观点》

［延伸阅读］ 富勒的“怨毒告密者难题”，见［美］富勒：《法律的道德性》，郑戈译，商务印书馆2005年版。

4. ［美］赞恩：《法律的故事》，于庆生译，中国法制出版社 2011 年版。

［推荐语］法律是人类历史的微缩，它与我们同在，从摇篮到坟墓。法律指引着人们用流血的双脚在充满荆棘的道路上一步一步由被奴役走向自由。该书揭示了人类在法律领域里漫长而艰苦的探索历程。作者以丰富的想象力和山间小溪一样流畅的笔调，将这一题材阐述得扣人心弦，让人爱不释手，使本书成为当今法学界和文学界的真正经典。

5. 李龙主编：《西方法学名著提要》，江西人民出版社 2005 年版。

［推荐语］西方法学名著博采众长，内容丰富，派别林立，风格各异。该书以精辟简洁的语言概括介绍了柏拉图、卢梭、康德、哈特等近 40 位大家的名著，精彩纷呈，窥一斑而知全豹，借此可梳理西方法学发展的脉络。

6. 季卫东：《法治秩序的建构》，中国政法大学出版社 1999 年版。

［推荐语］该论文集的主题是“社会变革与法治秩序的建构”。“在探讨社会变革时，我特别强调的是机制（根据具体情形进行选择和调整的弹性结构）而不是权力或者具体的技术，在探讨法治秩序时，我始终注意的是体制的深层条件和功能等价项而不是表面的规范形式。”

——作者为该书撰写的前言

2015年11月，该书荣获由凤凰网、法治周末报社共同策划组织的“法治的突破：1978~2014影响中国法治图书奖”。同时获奖的另外9本图书分别是：《法治与人治问题讨论集》编辑组编《法治与人治问题讨论集》，龚祥瑞著《比较宪法与行政法》，沈宗灵著《比较法总论》，王人博、程燎原著《法治论》，梁治平著《法辨：中国法的过去、现在与未来》，夏勇主编《走向权利的时代》，朱苏力著《法治及其本土资源》，王泽鉴著《民法学说与判例研究》，李步云著《论法治》。

[延伸阅读] 季卫东：《通往法治的道路：社会的多元化与权威体系》，法律出版社2014年版。

二、法理学类

1. [美] 埃德加·博登海默：《法理学：法律哲学与法律方法》，邓正来译，中国政法大学出版社2004年版。

[推荐语] 该书是在中国影响颇大的综合性法律哲学著作。书的第一部分涵盖了法理学思想发展的历史资料；第二部分论述了法律理论的实质性问题，包括秩序、正义、法治的利弊等；第三部分介绍了法律的渊源与技术。

2. [法] 孟德斯鸠：《论法的精神》，许明龙译，商务印书馆2012年版。

[推荐语] 该书综合运用多种研究方法（历史的、比较的、实证的等）探寻法律的性质和精神，视野宽广，气度

优雅。该书也是启蒙时期的代表著作，阐述了自然权利观和三权分立等思想。虽然作者的“分类和框架”与他提倡的社会考察的方法有某种裂痕，但这恰好是优秀著作的标志——确立了一个“范式”，供后继者超越。

3. ［美］罗纳德·德沃金：《认真对待权利》，信春鹰、吴玉章译，中国大百科全书出版社1998年版。

［推荐语］“罗纳德·德沃金所著的《认真对待权利》是自H. L. A. 哈特的《法律的概念》以来法理学领域最重要的著作。至少从法哲学的角度来看，此书是美国学者对这一领域最为重要的贡献……”

——马歇尔·科恩在《纽约书评》上为该书所写荐语

在该书中，德沃金围绕什么是法律，法律的目的是什么，谁在什么情况下应该遵守法律，在没有成文法依据，也没有先例的情况下法官如何审判案件等重大理论和实践问题，发表了自己的主张。

［延伸阅读］［美］罗纳德·德沃金：《法律帝国》，李常青译，中国大百科全书出版社1996年版；［美］罗纳德·德沃金：《自由的法》，刘丽君译，上海人民出版社2013年版。

4. 刘星：《西窗法雨》，法律出版社2013年版。

［推荐语］该书以亲切家常、平和幽默的手法漫谈西方

法律文化，对似乎是信手拈来的法律现象材料进行点拨评说，说的是西方法律文化现象，却时时启蒙着中国人的法律意识和法治观念，不着痕迹地调动着读者的思维，去思考中国的问题。

5. ［美］哈罗德·J. 伯尔曼：《法律与宗教》，梁治平译，中国政法大学出版社 2003 年版。

［推荐语］ 这是一个法学家写的历史书、哲学书。书中谈到了法律，也谈到了宗教，但不是流俗意义上的那种。“法律必须被信仰，否则它将形同虚设。”“法律赋予宗教以其社会性，宗教则给予法律以其精神、方向和法律获得尊敬所需要的神圣性。在法律与宗教彼此分离的地方，法律容易退化成为僵死的教条，信仰则易于变为狂信。”我们（指中国人）并不是渐渐失去了对法律的信任，而是一开始就不能信任这法律。

——摘自梁治平所写《死亡与再生：新世纪的曙光（代译序）》

［延伸阅读］ ［美］哈罗德·J. 伯尔曼：《法律与革命——西方法律传统的形成》，贺卫方译，法律出版社 2008 年版。

6. 苏力：《法治及其本土资源》，中国政法大学出版社 2004 年版。

［推荐语］ 该书最大的价值当在法学“启蒙”。它会告

诉我们在观察法律现象时应该采取什么样的方法，应该如何培养我们的学习和研究进路，以及如何揭示常识，挑战既有的知识和观念。对于大学一年级的学生来说，读完此书，会感觉法律原来不像我们所想象的那么枯燥。苏力教授的《送法下乡：中国基层司法制度研究》一书可以说是此书理论的进一步发展和具体运用，更加充实和饱满，虽然《法治及其本土资源》一书最为重要。

［延伸阅读］苏力：《制度是如何形成的》（增订版），北京大学出版社 2007 年版；《阅读秩序》，山东教育出版社 1999 年版；《送法下乡：中国基层司法制度研究》，中国政法大学出版社 2000 年版。

三、宪法、行政法学类

1. 韩大元：《1954 年宪法制定过程》，法律出版社 2014 年版。

［推荐语］改书以 1954 年宪法诞生的档案资料的实证分析为基础，以宪法社会学的方法，力求客观地展现宪法诞生的背景与制宪的具体过程，探求 1954 年宪法的历史地位与时代精神，梳理中国宪法发展脉络与内在逻辑，为客观地解释中国宪法的历史正当性提供事实与分析框架。

2. 张千帆：《宪法学讲义》，北京大学出版社 2011 年版。

［推荐语］该书是北京大学宪法课上最受欢迎及好评的

教科书，其以实在和具体的宪法问题为中心，通过具体个案阐述宪法学的基本原理。

[延伸阅读] [英] 詹姆斯·C. 霍尔特：《大宪章》，毕竞悦、李红海、苗文龙译，北京大学出版社 2010 年版；[美] 赫伯特·J. 斯托林：《反联邦党人赞成什么——宪法反对者的政治思想》，汪庆华译，北京大学出版社 2006 年版；[美] 亚历山大·M. 比克尔：《最小危险部门——政治法庭上的最高法院》，姚中秋译，北京大学出版社 2007 年版。

3. 胡锦光主编：《行政法专题研究》，中国人民大学出版社 2006 年版。

[推荐语] 本书涵盖行政法导论、行政主体、抽象行政行为、行政许可、行政契约、行政强制、行政处罚、行政听证、行政赔偿、行政补偿等 10 个专题。本书自出版以来，受到了广大读者的欢迎，已被重印多次，其中的一些观点亦被反复引用，同时，教育部更将其确定为第一批全国法学研究生的指定教材。

4. 王名扬：《英国行政法》，北京人民大学出版社 2007 年版。

[推荐语] 该书是王名扬教授著名的“行政法三部曲”之一（另两部是《德国行政法》《美国行政法》），也是王名扬教授一生最重要的著作之一。作者所用材料均为第一手

的资料，展现给我们的也是英国最真实的行政法制度和原则。全书从英国行政法的概念、基本性质人手，对行政机关权力的根据、行使方式和程序以及各种救济手段逐一进行了深入的论述，并对英国的行政组织作了精辟阐述，发表了独到的见解。在该书中，作者还针对行政法的研究和学习提出了有益的建议和方法，这对于行政法的研究和学习具有重要参考价值。

四、民法学类

1. 徐国栋：《民法基本原则解释：诚信原则的历史、实务、法理研究》，北京大学出版社 2013 年版。

[推荐语] 该书是以法哲学方法研究民法问题的尝试。作者以民法基本原则为显微点，力图揭示出这一制度蕴涵的丰富的政治、经济、哲学和文化的信息。该书主要笔墨集中于对民法的帝王条款——诚信原则的研究，展示了其历史、在各个法系的流变以及法哲学和权力配置原因，外加其在司法实践中的运用。最后得出的结论是：民法基本原则问题，就是立法权与司法权的界限问题；就是立法者对人性的基本看法问题；就是立法者对自己的认识能力的估价问题。

2. （台）王泽鉴：《民法学说与判例研究》（第 1 ~ 8 册），北京大学出版社 2009 年版。

[推荐语] 该系列书旨在分析讨论民法的社会变迁，理论与实务的互动关系。其运用法学方法，针对具体个案进行

较深刻的研究，阐释民法的解释适用，综合学说与判例，以较严谨的论证及说理，建构了民法的基本概念、理论体系及指导原则。

[**延伸阅读**]（台）王泽鉴：《民法思维：请求权基础理论体系》，北京大学出版社2009年版。

3. [德] 迪特尔·梅迪库斯：《德国民法总论》，邵建东译，法律出版社2013年版。

[**推荐语**] 该书绝大部分内容能为有兴趣的初学者所读懂，这样他就能够较早地接触到民法典其他各编的诸类问题。无论是初学者还是高年级的大学生，作者衷心地希望，读者在阅读《德国民法总论》的时候，除了应查阅第一编法律条款外，还应查阅书中提到的其他各编的法律规定。只有这样，才能使为法律体系所割裂的一般的东西和特殊的东西相逢在记忆中。

4. [日] 山本敬三：《民法讲义Ⅰ总则》（第3版），解亘译，北京大学出版社2012年版。

[**推荐语**] 这是一本经典的民法教科书，特别重视“究竟为了什么”才学习法律等问题，能让你体会到民法的平静力量。

五、法制史、法律思想史

1. 瞿同祖：《中国法律与中国社会》，中华书局2003

年版。

[推荐语] 该书入选中华书局选定的“中华学术精品”书系，它依据大量个案和判例，分析了中国古代法律在社会中的实施情况及其对人们生活的影响，揭示了中国古代法律的基本精神和主要特征。

2. 杨鸿烈：《中国法律思想史》，中国政法大学出版社2004年版。

[推荐语] 该书抓住“法律思想”的要害，纵览回顾了自殷周至清末中国传统法律思想的发展演变全过程，还初步回顾了清末变法以来的法律思想巨变。

3. 范忠信、郑定、詹学农：《情理法与中国人》（修订版），北京大学出版社2011年版。

[推荐语] 什么是法？法有什么用途？法当如何适用？自古至今，中国人的看法与西方人很不一样。在国人的观念中，法律不一定是一个本于自然正义形成的、有内在逻辑体系的强制性规范体系，而是“天理”、“国法”、“人情”三位一体的，是能预防和解决一切纠纷的公共政治技巧或治理术。这一套技巧，其核心成分不是客观、真实、理性、冷峻的科学，而是因事制宜、无微不至的艺术。数千年来老百姓期望托庇的“青天”式循良官吏，是有着父母般人格和爱心的“政治艺术家”。基于这种理念看待国家、社会和人生，基于这类艺术处理各类事务和纷争，从而形成了中国人

独有的法观念体系。

4. ［爱尔兰］约翰·莫里斯·凯利：《西方法律思想简史》，王笑红译，法律出版社2010年版。

［推荐语］该书将自荷马时代至20世纪80年代的历史切分为十个连续的时期，通过简介每一时期的一般历史和思想史，并叙述当时的思想家就法律中的主要问题所进行的阐述，对西方历史上的重大事件与法学理论的互动影响进行以时间为序的描述。本书属于法律思想史的另一种写法，以“问题史”代替“英雄谱”，注重探索思想的知识社会学的分析。

三年级

一、刑事法学类

1. 张明楷：《刑法格言的展开》（第3版），北京大学出版社2013年版。

［推荐语］法律格言是法律文化遗产的精华。该书使用的法律格言达300多条，其中既有古罗马的法律格言，也有英国、德国的法律格言。

2. ［意］贝卡里亚：《论犯罪与刑罚》（增编本），黄风译，北京大学出版社2014年版。

［推荐语］这部著作篇幅虽然不大，但影响却极为深

远，被誉为刑法学乃至法学领域里最重要的经典著作之一。

3. 陈兴良：《罪刑法定主义》，中国法制出版社2010年出版。

［推荐语］ 罪刑法定是最重要的刑法基本原则，有的国家将其视为宪法原则之一。深入掌握罪刑法定原则的基本内容，对于理解刑法规定、贯彻实施刑法规定具有特别重要的意义。该书将带领读者领略罪刑法定原则的精髓。

4. 邓子滨：《中国实质刑法观批判》，法律出版社2009年出版。

［推荐语］ 该书在写作风格上是独具特色的：它不像一般论著的写法，从概念到概念，进行抽象的逻辑推理，而是以鲜活的语言，娓娓道来。悲情的抒发，机智的点评，不仅使该书具有较高的学术品味，而且引人入胜，去除了学术著作所天生具有的枯燥。《中国实质刑法观批判》中所展示的学术立场、学术胆识，都有其过人的独到之处，该书在我国刑法学史上占据了一个独特位置。

5. 陈瑞华：《看得见的正义》（第2版），北京大学出版社2013年版。

［推荐语］ 这本小册子以格言的形式讲述诉讼法的基本理念，穿插了各种典故、寓言、经典案例，初读令人耳目一新，细读则令人受益匪浅。

6. ［美］亨利·J. 亚伯拉罕：《司法的过程——美国、英国和法国法院评介》，泮伟江、宦盛奎、韩阳译，北京大学出版社2009年版。

［推荐语］这是一本专门研究和介绍美国司法体制的专题性与教材性的著作。作为一本专题性的著作，该书对于美国司法制度的研究系统、全面和深入，涉及了美国司法过程所有最重要的方面。作为一本教材性的著作，该书的语言通俗易懂，深入浅出，风趣幽默，是研究美国司法制度最可靠的经典文献之一。

二、民事、行政诉讼法学类

1. ［日］新堂幸司：《新民事诉讼法》，林剑锋译，法律出版社2008年版。

［推荐语］该书是一本关于日本民事诉讼法的经典教科书。作者新堂幸司是日本民事诉讼法学界的第三代领军人物，新堂说被认为是对日本战后民事诉讼理论体系提出全面修正的学说。通过该书的精读，可以对大陆法系民事诉讼基础理论有系统的、清晰的理解。

2. 张卫平：《推开程序理性之门》，法律出版社2008年版。

［推荐语］该书遴选了作者最具代表性的九篇演讲，基本体现了作者的主要学术观点和建树，内容涉及民事诉讼法的重要理论以及立法、修法的主要问题。鉴于演讲形式，该

书在风格上较一般学术著作具体生动，可读性较强，同时也收纳了即兴发挥的现场问答内容。

三、司法制度、证据法学

1. ［美］理查德·波斯纳：《法官如何思考》，苏力译，北京大学出版社2009年版。

［**推荐语**］“该书的贡献在于展示了活生生的人如何与司法的和社会的制度互动，造就了我们称之为‘法官’的这些行动者，他们为什么如此行为和思考，从而为‘在非常规案件中，法官实际上是如何得出其司法决定的，提出令人信服的、统一的、现实的且适度折中的解说……一种实证的审判决策理论’。它不是当代中国法学研究中通常采取的那种模式：提出并赞美一个概念上完美的法官，然后激励和要求担任法官的人去实践这个概念；这是一种‘压抑人性’的道德规范模式，不可能得以实践，或者说只是一种关于法官和司法的意识形态。而波斯纳展示的这种理论才有可能推动有所改善的改革，才能增加我们的知识和能力，包括分析处理司法问题的能力。”

——苏力《经验地理解法官的思维和行为》

2. ［美］达玛什卡（又译为米尔建·R. 达玛斯卡）：《司法与国家权力的多种面孔——比较视野中的法律程序》，郑戈译，中国政法大学出版社2004年版。

［**推荐语**］在不同的现代法律制度中，法官所扮演的角

色有何区别？在英美、西欧和社会主义国家中，民事诉讼当事人、刑事被告以及他们的律师各享有什么权利？在这部启人深思的著作中，一位卓越的法学家对世界各地的法律制度如何管理司法以及政治与司法的关系作了高度原创性的比较分析。达玛什卡展示了一种新的视角，使得迥然相异的程序特征呈现为可辨识的几种模式。

［延伸阅读］［美］米尔建·R. 达玛斯卡：《漂移的证据法》，李学军等译，中国政法大学出版社 2003 年版；［美］米尔建·R. 达玛斯卡：《比较法视野中的证据制度》，吴宏耀、魏晓娜等译，中国人民公安大学出版社 2006 年版。

3. ［美］亚秋瑟：《法律的逻辑——法官写给法律人的逻辑指引》，唐欣伟译，法律出版社 2007 年版。

［推荐语］该书旨在探讨法律推理或法律逻辑问题。“法律的源头活水向来是经验而非逻辑”，这是霍姆斯大法官的经典名言，该书不挑战这个陈述，但主张法律推理或法律逻辑可以扮演同样的甚至更重要的角色。

4. 贺卫方：《司法的理念与制度》，中国政法大学出版社 1998 年版。

［推荐语］该书体现了作者进行司法研究以来的重要思考。作者的风格独特，思想敏锐，并善于把西方的制度和理论与中国司法改革的实践结合起来。作者在收入几篇重要的长篇论文之外，还收入了许多短小机智、曾经有广泛影响的

篇什。扮演着知识分子和制度改革积极推动者的双重角色，作者的行动给我们提供了一个可供分析的样本。

［**延伸阅读**］贺卫方：《具体法治》，法律出版社 2002 年版；贺卫方：《法边馀墨》，法律出版社 2003 年版。

5. 钱斌：《宋慈洗冤》，商务印书馆 2015 年版。

［**推荐语**］该书以科学史的视角，勾勒出宋慈的成长经历，解析他成为“法医学”之父的社会、历史原因及个人因素，介绍了《洗冤集录》的主要内容，并对其科学手段进行说明，分析了《洗冤集录》对中国和世界法律文化的影响，同时澄清了当代人对古代刑狱的一些错误认识。

四、“三国法”学

1. ［美］马尔科姆·N. 肖：《国际法》（影印版，第 5 版，上、下册），北京大学出版社 2005 年版。

［**推荐语**］这是国际法学界中一本经典的教科书，涵盖了国际法的各个知识点，并引用大量国际及国内法庭案例，让你如同身临其境般体会国际法的奥妙。

2. ［德］弗里德里希·K. 荣格：《法律选择与涉外司法》，霍政欣、徐妮娜译，北京大学出版社 2007 年版。

［**推荐语**］这本书用简洁有利的笔触为我们描绘国际私法从起源到当下的一幅幅瑰丽画卷。

3. 何勤华等：《纽伦堡审判——对德国法西斯的法律清算》（第2版），商务印书馆2015年版。

［**推荐语**］“纽伦堡审判的重要价值，并不在于它如何忠实地解释过去，而在于它如何认真地警戒未来。”

——纽伦堡国际军事法庭首席检察官罗伯特·H. 杰克逊

“历史教导我们，没有理想，就只有变化，而没有进步。我们虽然不能亲手触及天上引路的星辰，然而，跟随它们，就可以达到自己的目的地。”

——埃德温·狄金森

五、论文写作类

1. 何海波：《法学论文写作》，北京大学出版社2014年版。

［**推荐语**］该书被北大、清华、人大、复旦、交大五所法学院院长共同推荐。作者为清华大学教授，其在英国读书写论文时，曾在名师指导下受过专门的学术训练，此后在《中国社会科学》做过编辑，对于论文写作有深入的了解。该书分选题、文献、调查、论证、部件、行文、伦理七个部分，每部分从学生最常见的问题入手，用通俗易懂且轻松有趣的语言，用翔实的例子，细致讲解了法学论文的写作。

2. 梁慧星：《法学学位论文写作方法》，法律出版社2012年版。

［**推荐语**］该书按选题、资料、结构、方法、见解、文章和社会责任对法学学位论文的写作方法展开叙述。

3. 凌斌：《法科学生必修课：论文写作与资源检索》，北京大学出版社 2013 年版。

［**推荐语**］该书对法学写作与法律检索方法进行系统介绍，着重提高学生查阅各类纸质图书、综合运用各种法律类数据库以及社科分析工具对法律问题进行检索、归纳的能力，并最终落脚到法学论文的写作上。

六、其他部门法学类

1. ［美］威廉·M. 兰德斯、理查德·A. 波斯纳：《知识产权法的经济结构》，金海军译，北京大学出版社 2005 年版。

［**推荐语**］该书以一个新颖独到的视角，检视了当今美国法律中最具活力的领域，包括著作权、专利、商标、商业秘密、公开权以及非法挪用等。其内容广泛，举凡从私人信件的著作权到商业方法的防御性专利，从视觉艺术中的著作人身权到商标储存的做法，从专利上诉法院的影响到米老鼠的管理，均属其讨论之主题。知识产权法的历史和政治学，数学化的挑战，众多的制定法和法官所创立的原则以及知识产权与反托拉斯原则的互动，这些都在此一一得到考察。其处理方法既是实证的，也是规范的。该书阐述了知识产权法基本的经济合理性，但也赞同如下批评性信念，即美国国会和法院在最近几十年间就知识产权的创设与保护已经走过

头了。

四年级

一、法律诊所类

1. 章武生：《模拟法律诊所实务教程》，法律出版社 2014 年版。

[**推荐语**] 该书是我国第一部以模拟法律诊所命名的教材，并采用了章武生教授创建的“个案全过程教学法”。该方法与我国以往的案例教学不同，它尽量使学生看到的案件材料就像它最初呈现在律师面前的那样，它依照法的运行过程来培养学生的律师职业技能。

2. 波兰法律诊所委员会编：《法律诊所——理念、组织与方法》，许身健译，北京大学出版社 2014 年版。

[**推荐语**] 《法律诊所——理念、组织与方法》旨在满足政法院校对法律诊所的了解及管理需要，阅读该书，学生可以获得法律诊所的运行规则、诊所理念及历史等方面丰富的知识，法学教师也可以了解关于法律诊所的运行管理及教学方面的实用性知识。在教师指导学生如何准备向委托人提供法律援助时，《法律诊所——理念、组织与方法》也可以起到指南作用。

二、律师实务概述

1. 君合律师事务所：《律师之道——新律师必修课》，

北京大学出版社2010年版。

［**推荐语**］该书谈到律师职业的利与弊，以及律师必备的基本素质，记载了很多资深律师的心得体会，帮助你对自己是否适合做一名律师有一个大致的评估。

2. 易胜华：《别在异乡哭泣——一个律师的成长手记》，北京大学出版社2013年版。

［**推荐语**］该书讲述了作者从一名地方上无权无势无背景的实习律师一步步成长为京城名律师的经过，会让你对律师这一行业有更深一层的了解。

3. 谢莲坤：《初级律师必修课——如何做好法律尽职调查》，北京大学出版社2012年版。

［**推荐语**］法律尽职调查业务是非诉律师入行最先接触和必须学习、精通的基础业务，不精通尽职调查，不能称为合格的非诉律师！全书围绕该非诉核心业务的各个步骤逐一展开，层次非常清晰，便于读者迅速掌握尽职调查业务的各个环节。

三、审判实务概述

1. 杨仁寿：《法学方法论》，中国政法大学出版社2013年版。

［**推荐语**］法学方法论乃贯通法学理论和司法实务的一座重要桥梁。在司法实务中，法官需要运用法学方法之技术

“挪活”法条规范，而不应一味地拘泥于法律概念、逻辑推理。法学方法论的魅力在于可以指导法官在办案中发现正义、公平、理性，并通过法官司法的示范将上述价值融入“法律生活”之中。因此，法官司法活动不仅是一门技术，更应该是一门艺术。

2. 邹碧华：《要件审判九步法》，法律出版社2010年版。

［**推荐语**］该书是一位学者型法官的审判经验和思想精华，在前人探索的基础上，融审判实践与理论思考为一体，将法律适用过程创造性地分解为九步，层层递进，步步为营，使审判活动成为一门裁判艺术。

3. 蔡小雪、甘文：《行政诉讼实务指引》，人民法院出版社2014年版。

［**推荐语**］该书由最高人民法院行政审判庭审判长蔡小雪、甘文共同撰写，对行政法理论框架及行政诉讼实务中的热点、难点问题进行了系统、深入的阐述，对行政审判实践及行政法律制度研究具有非常重要的价值。现有的行政诉讼法理论一般偏向于法条释义，而《行政诉讼实务指引》对行政诉讼法的基础理论进行了全新的构建，尤其是摆脱了长期附属于民事诉讼法的理论缺陷，是一本真正意义上的中国行政诉讼法理论书籍。

四、各类具体实务

1. 陶鑫良、李德成主编：《中国知识产权律师实务》，法律出版社2014年版。

［**推荐语**］该书是知识产权律师集体智慧的结晶，探讨的是知识产权领域的前沿和热点问题，从实务的角度展开分析和探讨，提出许多前瞻性的观点和法律难题的对策，每个律师都把自己实践中的心得体会无私呈现，具有很好的借鉴和参考价值。该书内容涵盖知识产权创建、管理、运用和保护各个环节，全面整合知识产权法律服务中的热点、难点问题，汇集了知识产权法律服务精英们的诸多研究成果和实务经验，深入探讨知识产权法律服务业务和操作技能。

2. 上海市建纬律师事务所：《房地产开发法律操作实务》，法律出版社2012年版。

［**推荐语**］该书由建纬律师事务所资深执业律师根据执业实践总结撰写，包括收购转让、融资探索、房屋交易、风险防范、商业地产、开发区建设、征收补偿等领域的内容，全面总结了房地产开发领域的热点、疑难法律问题，并为各个环节的法律问题提出了应对策略，具有相当的原创性和权威性，兼具很强的实务操作价值。

3. 王桦宇：《劳动合同法实务操作与案例精解》，中国法制出版社2013年版。

［**推荐语**］内容丰富，通俗化解读，案例化论述，对策化分析，实战化操作。

4. 宋鱼水：《道路交通事故纠纷诉讼指引与实务解答》，法律出版社2014年版。

［**推荐语**］该书采用“问题——评析——案例——关键法条链接”的模式，从问题出发，采取以案说法的方式，结合最新颁布实施的相关法律法规、司法解释，较为系统地介绍了道路交通事故诉讼过程中常见的程序和实体问题，重点突出地分析和阐释了当事人进行诉讼的常见实务问题、诉讼技巧和相关疑难复杂问题。

［**延伸阅读**］与上书属于同一系列的还有林建军主编：《人身损害赔偿纠纷诉讼指引与实务解答》，法律出版社2014年版；石金平主编：《公司纠纷诉讼指引与实务解答》，法律出版社2014年版；等等。

5. 娄秋琴：《常见刑事案件辩护要点》，北京大学出版社2014年版。

［**推荐语**］该书按照常见刑事案件的类型设立专题，再针对各类案件的具体特征列出辩点，并进行深入分析、举例说明等，旨在帮助刑辩律师在拿到案件时迅速对号入座，理清思路，找到辩点。

七、卓越法学本科生怎样写作

写得一手锦绣文章，是每一个读书人的美好愿望。法学家中不乏文章高手，比如，何家弘教授，作为证据法学领域的大家，他出版了《证据的语言——法学新思维录》《虚拟的真实——证据学讲堂录》《从应然到实然——证据法学探究》《短缺证据与模糊事实——证据学精要》等十多部专著；作为中国作家协会会员，他创作有《人生狭路——黑蝙蝠·白蝙蝠》《人生误区——龙眼石之谜》《人生怪圈——神秘的古画》《人生黑洞——股市幕后的罪恶》《人生情渊——双血型人》等诸多悬疑推理小说。向著作等身的法学家学习，像他们一样自由驰骋于法学研究、文学创作的天地，应是卓越法学本科生应有的志向。

理想是丰满的，但现实总是骨感的。现有法学本科生的写作能力实不敢恭维。每到指导毕业论文时，老师们总是头疼不已。不要说有思想创新的文章难觅踪迹，就是逻辑清晰、语句通顺等基本的写作要求，也并非篇篇文章都能做到。之所以如此，有诸多原因。宏观言之，时代的主流表达方式不利于写作能力的培养。处在网络时代的青年已经疏远乃至淡忘了传统书信，而是采用微博、微信、短信、飞信等智能沟通方式。这些方式有及时、便捷、迅速优点，但亦有短小、碎片、情绪化等弊端。这些弊端可概括为表达的随意与任性，忽略了谋篇布局的锤炼与遣词造句的推敲，而好文章无疑是反复修改的结果，初学者尤其要对此重视。中观言之，我们的法学教育在训练学生写作能力方面有所欠缺。很多法学院校开设有论文写作课，但法科学生不仅要会写学术论文，更要会写各类法律文书，包括判决书、裁定书、审理报告、案件汇报、请示等，对于应用型卓越法律人才来说，后者更为重要。即使就现有论文写作课程而言，其安排亦不合理。该课程多在三年级开设，而此时的学生已将精力用于司法考试、研究生考试以及各类求职应试的准备中，无暇认真对待该课程。在如此宏观、中观背景下，若学生个人又无写作的兴趣与爱好，甚至四年期间没有写过一篇千字以上的学术论文，没有认真撰写过一篇实务类法律文书，那么，毕业时所提交万字左右毕业论文良莠不齐、工作后所撰写法律文书乏善可陈，就不难想象了。

达致卓越法律人才应有的写作水平，法学本科生可从以下几个方面着手：

一、多写才是硬道理

写作是一门实践技艺，持之以恒地练笔是成就该技艺的不二法门，否则，即使有葵花宝典也写不出好文章。清人唐彪在《文章惟多做始能精熟》里说得很中肯："学人只喜多读文章，不喜多做文章；不知多读乃藉人之工夫，多做乃切实求己工夫，其益相去远矣。人之不乐多做者，大抵因艰难费力之故；不知艰难费力者，由于手笔不熟也。若荒疏之后作文艰难，每日即一篇半篇亦无不可；渐演至熟，自然易矣。又不可因不佳而懈其心，懒于做也。文章不能一做便佳，须频改之方入妙耳。此意学人必不可不知也。"俄罗斯作家巴甫连柯有一句名言："作家是用手思索的。"只有不断地写，才能扪触到语言。

"多写才是硬道理"，亦被成功作家、学者的事迹屡屡证实。老舍先生无论有得写还是没得写，每天至少要写五百字。国学大师钱穆先生亦是如此，在撰写《论语新解》时，他给自己设定了最低限度，即每天要写出新解六章（《论语》共20篇、498章，章有大有小，有的是一两句一章）。写作是学术名家的生活常态，是他们生活中不可缺少的部分，如同呼吸、吃饭一样。

很多学生入校时雄心勃勃，发誓要读五六百本书，每天都要写点东西。但此誓言很快就被大学丰富多彩的课余生活冲淡了，写作与自己渐行渐远。使写作成为一种习惯，并不是一件难事，关键在于坚持。伦敦大学2009年的一项调查显示：养成习惯最少18天、最多254天，平均需要66天。依此推算，一个学生进入大学后如果能够坚持每天写作三个月以上，那写作就会成为习惯，即一个已经变得根深蒂固而你毫无觉察的行为。

二、拾阶而上要遵循

弄明白每天都要写的道理，接下来就要解决如何写的问题。法学写作对象极其广泛，大到国家政策的评论、立法修法的建议，小至日常纠纷的解决、影视作品的赏析，等等。法学本科生该从何处着手呢？受思维能力、知识结构、人生阅历等主客观因素的限制，法学本科生入笔不宜写那些较大的写作对象，而要从小处着手，从身边的见闻谈起，依照循序渐进的原则拾阶而上。

听课感想、读书心得是训练写作的初阶。上课、读书是文科大学生生活的核心内容。听课难免有感想，读书间或有心得，捕捉这些稍纵即逝的感想与心得，及时把它们形成文字，是法学本科生训练写作的初阶。听课感想会涉及授课老师的评价，但重点应是梳理出感兴趣的问题以及课后要进一步阅读的文献。听课感想起着架设课堂问题与课外阅读的桥梁作用。读书心得，顾名思义，应是阅读后的收获。但收获有层次之不同，寻章摘句类似于阅读过程中捡拾到的芝麻，属于收获的低层次。读书心得的高层次是揣摩作者的论证方式，即作者是如何用这些芝麻做成香喷喷的芝麻糊的，自己是否领悟到了作者“做法”的高明。读书心得的精髓在于写出所读出的别人之好。

法学随笔是训练写作的中阶。很多法学家都善于写随笔，比如贺卫方教授的《法边馀墨》、张建伟教授的《法律稻草人》、龙卫球教授的《法学的自觉》等。这些随笔文字优美，引人入胜；见解独特，发人深思。它们可让读者充分感受法学与人文之美，乐于栖息思想与诗意之间。很多本科生在阅读这些随笔的基础上自觉模仿，由此走上了法学创作之路。

生活中的很多事都可以成为法学随笔的素材，比如影视作品、法律个案、热点问题等。如果说听课感想、读书心得停留于思维之境，那随笔则回归到现实之域，借助个例剖析现实中的法律问题是其要义。苏力教授《秋菊的困惑与山杠爷的悲剧》为法学随笔提供了一个范例。在该文中，苏力教授以要讨论的问题为导向，简要介绍了影片的故事情节，然后用五分之三的篇幅讨论了秋菊困惑、山杠爷悲剧的法律原因：普适化正式法律制度的不足，即不能为农村、农民提供“对路”的法律服务来维持秩序。在此基础上，苏力教授论证了基于“原子论”的西方法律制度与中国广大农村“熟人社会”的不相容，提醒人们要“重视中国社会中的那些起作用的、也许并不起眼的习惯、惯例，注重经过人们反复博弈而证明有效有用的法律制度”。“比较成功的法律大都不过是对中国人民创新的承认、概括和总结。”

法学论文是训练写作的高阶。称论文为高阶而称随笔为中阶，并非厚此薄彼。随笔貌似随意，实则需要高超的文字驾驭能力与思维深度。诚如冯友兰先生所言：“小史者，非徒巨著之节略，姓名、学派之清单也。譬言画图，小景之中，形神自足。非全史在胸，易克臻此。惟其如是，读其书者，乃觉择焉虽精而语焉犹详也。”之所以称随笔为中阶，仅因随笔贵在随意，文字可长可短，见解可多可少（只要有新意即可）。而论文的要求相对严格，要包含论点、论据、结论等固定的要素，要遵循注释、引用等学术规范等。再者，学术论文建立在对本学科知识有深厚积累的基础之上，要在文献综述的基础上“接着讲”，这往往是高年级学生才能胜任的任务。

论文的写作亦要循序渐进。一年级以课程论文为主，紧紧围绕所开课程撰写3000字左右的论文，借此初步掌握学术规范，包括文献查阅、论文结构、注释引文等。二年级重点训练调查报告。经过一年的学习，学生从事社会调查时，就不会停留于走马观花式的看热闹、浮光掠影式的谈感受，他可能会把所观所感聚焦为某一专业性问题。在该问题引领下，他会广泛收集第一手资料，并与现有理论展开对话。在理论与现实的相互激荡中，他能切实感受理论之美，或发现已有理论的局限，激发进一步研究的兴趣与激情。如果他能对现实经验进行概括与反思，提出哪怕是略显幼稚的理论，那也为实现从“经验到理论”这一惊心动魄的质的飞跃进行了量的积累。三年级则以训练学年论文为主。较之课程论文，学年论文信息量更大，字数一般在5000字左右，研究问题可能涉及两个以上学科，有时还需要进行实证调研。四年级的目标当然是撰写8000字以上的毕业论文或调查报告。这是本科四年在论文训练方面的最后要求。最后并不意味着最高，因为毕业论文或调查报告是学生获得学位证书的最低限度。

对于上述论文，之所以强调字数，不仅在于字数与思想的完整性、深刻性紧密相关，还在于初学者很难把文章写长。通过字数这一外在硬性规定，可以逼迫本科生大量阅读、缜密思考、充分论证。

三、反复修改为必须

以《洛丽塔》一书获得文坛美誉的俄裔美籍作家弗拉基米尔·纳博科夫有一率直的观点：有勇无艺之庸才独爱炫耀文章初稿，此举不啻逼人传观浓痰。作家董桥说得比较含蓄："锻字炼句是礼貌。"含蓄也好，率直也罢，皆着眼于从外部谈文章修改的必要性。吉林大学著名教授孙正聿则谈到了修改文章的内驱力——"自己跟自己过不去"：一是"在思想上跟自己过不去"，提出振聋发聩的创见；二是"在论证上跟自己过不去"，做出令人信服的阐述；三是"在叙述上跟自己过不去"，写出凝重而又空灵的论著。

"好文章是改出来的"，是世人皆知的道理，但知易行难。人们往往不愿修改自己的文章，更不用说反复修改。因为修改意味着否定。自尊心使人不愿自我否定，更何况要否定自己花费九牛二虎之力写出来的东西。如果请别人否定，那无异于主动伸脸让别人去打，这需要十足的勇气和抗击打能力。

法学本科生要成为卓越法律人才，就必须培养这种抗击打的勇气和能力，要战胜惰性、懦弱，自觉养成反复修改文章的良好习惯。各类文字，无论是听课感想、读书心得、随笔或论文，绝不能写了就万事大吉，弃之不顾。间隔两三周之后取出来看看，或许就发现了思想、论证、文辞方面的问题。如果再读时发出“今是而昨非”的感慨，更是可喜可贺，因为这意味着近期的进步、自我超越。如此改过两三遍以后，自认为满意了，就请老师或同学帮忙看看，毕竟个人在思维能力、知识储备等方面存在着局限性。“三人行，必有我师焉”（《论语·述而》），与高人为伍，我们自己也会变得高明。

八、卓越法学本科生应欣赏的影视作品

观看与法律有关的影视作品，可以了解经典案例中的戏剧性情节和激动人心的场面，可以学习法官与律师细致入微、丝丝入扣的分析与逻辑推理能力，促使我们进一步思考相关法律问题。如果是英语原声电影，还可以学习法律英语。这样的“一举三得”是我们强调学生应欣赏法律类影视作品的原因。

一、法学励志类

1. 平步青云（或力争上游，The Paper Chase）

［**简介**］一部根据哈佛大学法学院实际情况拍摄的电影，一直都被全美几乎每个法律系的学生视为“第一堂必修课”，该片以内容为主线，可以分为课堂篇、学习篇、生活篇以及考试篇，为你全方位呈现一个真实的美国法学院。如果你有意向申请美国法学院，这部电影可以为你的决定提供一定的参考；如果你已拿到美国法学院的 offer，这部电影可以让你提前了解法学院的学习生活，及早做好准备；如果

你对美国法律制度感兴趣，这部电影可以带给你美国法治文化背后的深度思考。

2. 青年林肯（Young Mr. Lincoln）

［**简介**］美国林肯总统以解放黑奴的功业留名青史，但约翰·福特导演的这部林肯传记片却将剧情焦点放在律师时代的年轻林肯身上，步出校门时的迷茫，开始做辩护律师的失败，成功为朋友儿子涉嫌杀人做无罪辩护……

3. 甘地传（Gandhi）

［**简介**］“圣雄甘地”一路走来，学法律，做律师，宣传不合作主义和非暴力思想，成立争取公民权利的组织……

片头序言：“没有一个人的生平可以在一个故事里都包括进去，也不可能把每年发生的事件都给予同等篇幅，把与事件有关的人物也都写进去，只能在精神上符合原来的人物精神面貌。不漏掉重要的事件，通过这些事件，把人物的人生目的和精神面貌表现出来。”

4. 永不妥协（Erin Brockovich）

［**简介**］该电影改编自真实事件，描述了一个没有法律背景的单身母亲，历尽艰辛，以永不妥协的勇气和毅力打赢了美国有史以来最大的一宗民事赔偿案。

［**思索**］法律是不是该如此被信仰？

5. 大地惊雷（True Grit）

［**简介**］14岁的少女在父亲被杀后，代表家人前往西部荒凉的小镇处理后事。杀死父亲的凶手已不知去向。在这枯燥又忙碌的西部小镇上，没人关心杀死异乡人的逃犯何时落网。主人公决定自己雇佣警察将杀人凶手绳之以法，由此开始了追捕杀人犯的惊险历程。

［**思索**］对比中国流传的血亲复仇故事，比如“赵娥血刃杀父仇人李寿”“施剑翘刺杀孙传芳”等，本片主人公不是放弃，也不是雇佣他人，而是雇佣警察，为什么？

6. 因父之名（In the Name of the Father）

［**简介**］该片改编自格里·康伦感人至深的回忆录《证明无罪》，以爱尔兰共和军和英国当年的暴力对抗为背景，将英国现代史上最臭名昭著的真实事件公之于众，重点刻画了男主角格里为求公正所做的斗争以及他和父亲之间深厚的感情。

［**思索**］“《因父之名》中父亲的名义究竟是什么，是不是一种为了爱和真相而与法律对抗的名义？看到后来，我发现法律本身也是父亲要捍卫的东西，父亲的爱其实早就内在地契合了法律作为制度应该具备的爱。这样看来，《因父之名》是否也包含了因法律之名？但更多的困惑接踵而来，法律有爱的精神和灵魂吗？法律值得爱吗？法律有正义吗？法律值得信任、特别是值得像杰瑞（影片中的主人公）这样的被法律冤枉和伤害的无辜者信任吗？”

"正如一个法学家所说，法律根源于人们对于父亲的依赖心理：小时候孩子需要父亲的保护，长大后需要法律这个更强大的力量作为父亲的替代。同样，我们经常背叛法律，就像我们常常逃离父亲。父亲总是让孩子误解，就像法律经常遭受人们扭曲。父亲不可能是完美的，就如法律不可能规划好我们的幸福生活。父亲的局限因此需要其他的力量来支撑，比如离不开为家庭承受压力、默默奉献的母亲；法律的局限因此需要必要的良知、正义的信念来维持，比如一种比较理性的民情，一群如英勇的女律师那样维持这一职业尊严的守护神。"〔1〕

7. 造雨人（The Rain Maker）

［简介］ 鲁迪·贝勒是刚踏进律师这一行业的新手，他当然想尽早大展宏图，在这个早已心向往之的领域里有所建树。然而，他迎面碰上的却是污泥浊水，与当初设想的完全不同。好在鲁迪身上那股韧劲还在，凭着良知，他要为向保险公司索赔的母亲以及受虐的已婚少妇这样的普通人说话，做一个旱地送水的造雨人。

二、诉讼过程、法庭审判类

1. 桃色血案（或对一场谋杀案的分析，Anatomy of a

〔1〕 谌洪果："法律，另一种父亲形象：《因父之名》"，载谌洪果：《法律人的救赎》，中国民主法制出版社2011年版，第45页。

Murder)

[**简介**] 本片被誉为最经典的法庭片之一，入选“美国影史类型电影”中的十大法庭片。法庭片是宪政建国的美利坚的典型类型片，既讲述奇异的法律案件，更挥洒这些案件在推动言论自由和民主人权方面立下的汗马功劳。

这是一部拍得引人入胜的法庭推理电影。影片涉及很多法律概念，不仅对案情，也对刑事诉讼的程序做了精细的介绍，从司法鉴定到证据提交，从陪审团审查到交叉盘问。对于想了解美国刑事司法程序的同学，这部电影是很有帮助的。

2. 东京审判（The Tokyo Trial)

[**简介**] 1946 年，远东国际军事法庭在东京审判日本战犯，该法庭由 11 个国家的 11 名法官组成。受中国国民政府的委任，以梅汝璈为首的中国法官在大国利益主导的势力挤压下，奋力突围，终于将以东条英机为首的七个战犯送上了绞刑架。

3. 纽伦堡大审判（Judgment at Nuremberg)

[**简介**] 该片生动再现了历史上第一个国际法庭的戏剧性和悲剧性。这部电影由社会派制作人斯坦利·克雷默制作，将赫鲁特审判长的回忆录搬上了银幕，以突出的演技来表现伦理与法律间的纠缠关系。封闭空间内的法庭戏拍得多姿多彩、恰到好处，涉及战争责任、司法程序、战后和解这

样几个重要问题的思辨，让人思考很多东西。

4. 审判（Leprocès）

［简介］该片改编自卡夫卡同名小说。加布兰向警方报告他的车子遗失，与此同时，公证员马蒂诺被控与两个少女被杀有关，他开始接受无聊而冗长的审问，负责夜审的警官按捺不住心中的怒火，以拳脚相加。身受皮肉之苦的马蒂诺无言相对，而他妻子的证词更是雪上加霜，她怀疑他曾经对她哥哥的女儿卡米尔起过歹心，他们夫妻从此关系恶化。警长安托万经过仔细而耐心地询问后，终于找到了这起奸杀少女的案件的真相。

5. 不道德的审判（Death and the Maiden）

［简介］只有三名演员的电影。一个女人被人强暴后变得有点精神病和情绪不安，无意中发现施暴者就是邻居，通过以暴制暴在家中对他进行审判，其丈夫做辩护律师。最后，施暴者跪在悬崖边承认了一切。

［思索］这种情况下为什么还要审判？竟然让丈夫充任被审判者的辩护律师。片名中的“不道德”三字尤其应值得关注。

6. 麦克马丁审判案（Indictment：the McMartin Trial）

［简介］这是根据美国的一个真实案件改编的一部电影。学前儿童学校的经营者及其家人、老师被指控对儿童实

施了性侵。儿童是否撒谎？所谓的儿童治疗中心出具的专家证言如何评判？案件真相是什么？

7. 法网边缘（A Civil Action）

［**简介**］又译为民事诉讼、公民诉讼、禁止的真相。主要讲述律师、受害者对排污工厂提起索赔诉讼的故事。

8. 共同诉讼

［**简介**］父亲和女儿虽然都是律师，但有不同的价值观念与人生追求。道不同不相为谋，父女二人平常不相往来，如今，却因为控告汽车公司故意生产危害乘客安全的车种而对簿公堂，于是在公私方面都构成了强烈的矛盾。

［**思索**］该片亦可以归类到法律职业伦理中。应认识到职业伦理的重要性。

9. 诉讼（Le Proces）

［**简介**］在以色列并不存在民事婚姻与民事离婚，所有的结婚与离婚必须在犹太教拉比的裁决下才能“合法”，然而丈夫一方的权利往往凌驾于第三方的裁决人之上。《诉讼》正是在这样的背景下发生的故事。

10. 戈雅之灵（Goya’s Ghosts ）

［**简介**］西班牙著名电影。该片反映了1792年天主教重新启用宗教裁判所后的司法景象。

戈雅是专门为国王和王后们绘制肖像画的著名画家，其模特伊娜斯蒙冤被捕后不堪忍受酷刑违心认罪。戈雅向其朋友、执掌宗教裁判所的神甫洛伦佐求情。在戈雅家中，众人对逼供的手段不能理解，认为在刑讯之下任何人都会承认任何罪行。洛伦佐坚持只要真心信奉基督，上帝自然会赐予他力量抵抗刑讯带来的痛苦。争执不下，戈雅决定以其人之道反制其人，替洛伦佐写下一张“承认自己是猴子”的供述，并对神甫进行私人“神讯”，逼其在纸上签名。洛伦佐的惨痛尖叫与颤抖签字的手证明：他心中的上帝并未赐予他任何力量。

11. 大审判（The Verdict）

［**简介**］影片主要讲一个穷困潦倒的波士顿律师弗兰克·加尔文是如何振作，如何为了正义和自尊打赢一场官司的故事。标题“The Verdict”（陪审团的裁决，或仅仅是普通的决定）一语“三”关，它不仅指示着法院对案子作的决定（文学专业术语之“外界矛盾”Outer Conflict）和弗兰克对自己良心作的决定（“内部矛盾”Inner Conflict），还暗示着弗兰克将如何度过剩下的人生。

三、陪审团制度

1. 十二怒汉（12 Angry Men）

［**简介**］反映陪审团如何裁决的经典电影。参加庭审之后的初次表决：11 票有罪对 1 票无罪。持反对意见的陪审员抛出了自己的诸多疑惑，包括同样的刀子不止一把；楼下

老人不可能在列车噪音中听到被告喊叫，老弱残疾的他不可能在15秒内赶到门口看到被告逃走；声称看见杀人的妇女鼻子两边有凹痕，证明她长期戴眼镜，而晚上她不可能戴着眼镜睡觉，所以她在床上看到杀人的证词不可靠；甚至“我要杀了你”这句话也不意味着被告真的杀了人，因为这也许只是一句气话……又经过五次表决，同意有罪的人越来越少，直至被告被宣判无罪。

［思考］陪审团裁决中的辩论过程是廓清迷雾、显现真理的过程吗？它只是以证据本身的扑朔迷离来表现客观事实本身的不确定性。“这部电影的关注点是对陪审团制度的优势和缺陷的细微深描，是在这个基础上的反思。它的目的可能恰恰是在让人们认识到一种制度之不足的时候增强对这种法律制度的确信。”〔1〕

2. 失控陪审团（Runaway Jury）

［简介］该片的关键词是“三个如何”：如何挑选陪审员，律师如何影响陪审员，陪审员之间如何相互影响。

四、调查与辩论

1. 控方证人（Witness for the Prosecution）

［简介］1954年的伦敦，美国人雷纳被控谋杀富有的情

〔1〕谌洪果：“陪审团醒了：《十二怒汉》”，载谌洪果：《法律人的救赎》，中国民主法制出版社2011年版，第39页。

妇借以取得其巨额遗产。著名的刑案辩护律师韦菲爵士不顾健康问题接办此案。在法庭上，雷纳的妻子克莉丝汀竟然作了控方证人，指出雷纳的确杀了人。在最后关头，韦菲接获神秘妇人来电，表示她握有克莉丝汀写给情夫的信件。案情急转直下，雷纳被判无罪。然而，真相却更令人震惊。

[**影评**] 无懈可击的剧情蓝本赋予了《控方证人》以完美的电影架构，那风趣幽默的人物台词，环环相扣的悬疑纵深，足以令人深陷这部看似老旧的黑白影像中，却又自始至终无以揣测结局的脉络，当悬疑终得一解，多么盛赞的言辞都难以形容如此的惊艳。

2. 豪门孽债（或命运的逆转，Reversal of Fortune）

[**简介**] 一位富豪被控谋杀妻子，一切证据都对他十分不利，陪审团认为罪名成立，将被判刑。他不服上诉，并延请一位法学教授德肖微茨出庭辩护，法律教授通过严密的调查分析，将一审有罪的判决推翻。尽管谋杀的可能性依然存在，但再无指控的法律根据。

影片的精华在于幽默和嘲讽精神，全片是从遇害后昏迷不醒的妻子的角度来叙述的，叙事结构极为独特。

3. 朱门孽种（Compulsion）

[**简介**] 这是部精彩的、令人目不暇接的经典法庭片，聚焦于1924年的真实案件“利奥波德·里普谋杀案”（利奥波德·里普是出生于德国的著名生理及生物学家）。一位

才智过人的律师搜集各种证据，极力推翻法庭做出的对两位芝加哥少年的死刑判决，通过精彩的法庭辩论成功地挽救了两个少年的生命。

4. 义海雄风（A Few Good Men）

［简介］这是一部军队法庭片，是庭审与辩论爱好者绝佳的教材。究其原因，除了庭审过程紧张精巧、律师从容镇定、英姿飒爽外，更核心的因素在于：影片挖掘出了军队中模糊的是非标准以及“绝对服从命令”这一铁律在“战争”与“和平”两种截然不同的语境下所产生的尴尬与矛盾。

5. 刺杀肯尼迪（JFK）

［简介］影片讲述了肯尼迪总统遇刺身亡后警方破案的过程，其中20多分钟的激情演讲足以让这部电影名垂青史。

6. 终极证人（The Client）

［简介］《终极证人》改编自美国畅销书作家约翰·格里斯汉姆的同名小说，影片在“联邦调查局”与“黑手党”这两个堪称庞然大物的“山头”之间，巧妙地拉扯起一道凌空飞越的细线，以一个偶然事件迫使11岁的少年马克走上这一凶险而又艰难的“生命线”。联邦检察官和黑手党都盯上了马克，一是想获取证据，一是想杀人灭口。

［思索］证人权利及其保护机制。

7. 无罪的罪人（或无罪推定，Presumed Innocent）

［**简介**］拉斯迪是一位资深且极为优秀的首席检察官，由于工作的关系经常接触到一些令人心痛的社会弊端以及各式各样的犯罪。一位有野心而且不择手段的女助理检察官卡洛琳利用共同工作的机会，引诱拉斯迪和她发生关系，她的主要目的是鼓励拉斯迪争取地检处处长的职位，而她本人则可取而代之获得首席检察官之职。但当她了解到拉斯迪并无此野心后，便立即离他而去。一天，卡洛琳被人谋杀，现场遗留的一切证据将拉斯迪推上了法庭。拉斯迪在痛苦与不甘中为自己辩护，究竟是谁导演了这场骗局呢？

8. 暗夜哭声（A Cry in the Dark）

［**简介**］该片根据真实故事拍摄。1980年，澳大利亚青年夫妇迈克尔·张伯伦和琳迪带着三个孩子在旅游胜地艾尔岩度假。晚上，夫妇俩带着两个大点的孩子到邻居家串门，熟睡中的女婴阿扎丽娅则留在帐篷里。只听黑暗中一声哭喊，一条野狗从帐篷中逃出，摇篮里只留下斑斑的血迹。性格内向的琳迪把悲痛深藏心底，却不料引起了人们对夫妇俩的怀疑。媒体甚至根据女婴的名字阿扎丽娅有“野外祭品”之意而大肆渲染，将夫妇俩说成是故意将亲生婴儿当成祭神供品的渎神的异教徒。因被指控杀害自己的婴儿，琳迪受到长达两年的审讯，最后在缺乏人证物证的情况下仍被判处终身监禁。迈克尔被视为从犯判处一年半有期徒刑，因要照顾两个孩子而缓期执行。已经怀孕的琳迪在狱中又生下一名女

婴，仍由迈克尔抚养。在此期间，琳迪没有放弃为自己辩护。后来，人们在艾尔岩附近发现了一些证据证明琳迪不是凶手。1988 年 9 月，对夫妇俩的指控被撤销，他们被无罪释放。

五、社会与法律伦理

1. 杀死一只知更鸟（To Kill a Mockingbird）

［**简介**］影片根据美国女作家哈珀·李同名长篇小说改编，该小说发表于 1960 年，获得普利策小说奖，至今已经被翻译成 40 多种语言，全球销量超过 3000 万册，被视为美国当代文学的经典作品。该片在《美国律师协会杂志》评选的“史上 25 部最佳法律电影”中名列第一位。

主人公阿蒂克斯·芬奇是一位律师，与一对年幼丧母的儿女生活在美国南方小镇。他实实在在帮助穷人赢得诉讼，毫不吝啬对邻居老太太的赞美。有一次谈起打鸟时，他对孩子说，不要去杀死知更鸟，因为它们只为人类歌唱，从来不做危害人类的事情。

一天，小镇法官请芬奇为涉嫌强奸并殴打白人女子的黑人汤姆辩护。在对黑人怀有根深蒂固偏见的当地，芬奇的行为无异于“冒天下之大不韪”。更要命的是，在法庭上，他细致分析证据，成功揭示了白人父女二人在撒谎，黑人汤姆被诬陷的事实真相。他要求陪审团判汤姆无罪，并且义正词严地呼吁：“在这个国家，法庭是重要的天平，在法庭上，每个人都是公平的。”但陪审团仍然做出了有罪裁决。事情并没有就此结束，持种族偏见的白人对芬奇一家进行挑衅和恫吓，其儿女在在参加万圣节庆祝活动时遭遇歹徒袭击，多亏神秘邻居布尔杀死了歹徒，才幸免于难。得知这一事实真相的芬奇面临着抉择，是隐瞒真相还是将布尔送上法庭为之辩护？想到无辜的黑人汤姆在被押往监狱的路上试图逃跑而被击毙的事实，芬奇选择了后者。

［**思考**］芬奇之所以选择后者，“这倒不完全是因为孤僻的布尔救了他的孩子，而是因为他不愿意再伤害布尔这样善良而又脆弱的人。布尔以及死去的黑人汤姆，都是他保护的‘知更鸟’，也是支撑他内心深处对真相之信念的基础。经过一种‘道德困境’式的挣扎，阿蒂克斯对‘什么是真相’有了一种新的理解，一种更具同情、更宽容、也许更健康的理解。正如他对女儿所说：‘你决不会了解一个人，除非你站在他的鞋里，跟着他走。’”〔1〕

2. 向上帝挑战（或风的传人，Inherit the Wind）

［**简介**］“科学”和“宗教”的对立似乎从未停止。该片改编自真人真事。一名乡下老师在 1925 年遭警方拘捕，因为他违反了当时的法律禁令，在课堂上公开讲授达尔文的“进化论”。此事在平静的南方小镇引起轰动，两位顶尖的律师各据一方，代表正反两面互相抗辩，等于人类直接向上

〔1〕 谌洪果：“什么才是真相：《杀死一只知更鸟》”，载谌洪果：《法律人的救赎》，中国民主法制出版社 2011 年版，第 32 页。

帝的权威挑战。

3. 杀戮时刻（A Time to Kill）

［**简介**］影片主题是种族歧视、司法公正等，跟《杀死一只知更鸟》相似。该片讲述白人律师为激情杀人的黑人被告辩护的故事，片中盘问对方精神专家的一场戏比较经典。

4. 性书大亨（或情色风暴，People vs. Larry Flynt）。

［**简介**］主人公佛林特曾是脱衣舞俱乐部老板，后来成了色情杂志发行人。杂志的低级、煽情比《花花公子》更甚，因此引来卫道士抨击。他将神父登上封面作为反击，写下其与其母乱伦的莫须有故事，官司也随之而来。入狱出狱，妻子重病身亡，他也下身致残。潦倒之际没人再为他辩护，他就自己给自己当律师，这个“疯子”把尿布裹在身上出庭，凭着惊人的毅力和杰出的诡辩之才，将官司一路打到最高法院，变成一宗历史性知名案件，声名狼藉的他一夜之间成了英雄。

影片主人公的名言：“如果宪法第一修正案保护像我这样的人，我相信它能保护所有人，因为我是最下贱、最人渣的垃圾。”

5. 被告山杠爷

［**简介**］群山环抱中的堆堆坪是个治安模范村。山杠爷

是村里的党支部书记，他全心全意为村民办好事，威望极高，深得村民的拥戴，但他会采取一些不合法的手段强迫村民，比如他命令村民将一位虐待婆婆的媳妇捆绑起来游村，使得这位青年妇女羞愤自杀。山杠爷因非法拘禁、侵犯公民人身自由权而被逮捕。

［**思索**］什么原因导致了山杠爷的悲剧？无疑，对虐待婆婆之类的事情进行管理是他的职责，但他拿什么去管？是正式法律制度呢？还是当地的习惯法？苏力教授认为，在中国法治追求中，要重视“中国社会中那些起作用的、也许并不起眼的习惯、惯例，注重经过人们反复博弈而证明有效有用的法律制度”。〔1〕

6. 秋菊打官司

［**简介**］苏力教授对该片有简练的概括：“讲的是西北农村中的一个纠纷处置（而不是解决）。为一些并不很要紧的事，一位村民同村长吵起来了，骂村长‘断子绝孙’（村长的确只生了四个女儿）。这种话在中国的社会背景（尤其是农村）下是非常伤人的。愤怒的村长因此和这位村民打了起来，向村民的下身踢了几脚。村民受了伤。这位村民的妻子——秋菊为此非常愤怒。她认为，村长可以踢她的丈夫，但‘不能往要命的地方踢’。她要讨个‘说法’，大致

〔1〕 苏力：“秋菊的困惑与山杠爷的悲剧”，载苏力：《法治及其本土资源》（修订版），中国政法大学出版社2004年版，第38页。

是要上级领导批评村长，村长认个错。由于这种纠纷在中国农村并不少见，而且伤害也不重，因此乡间的司法助理员没有给予这位村长正式的处罚，而是试图调解一下。这种调解不能令秋菊满意，于是她到县城、省城讨‘说法’。经过种种努力，最后在一位律师的帮助下，上级派来了公安人员调查，发现该村民受到了轻伤害（但并非下身受到伤害），应当受到治安处罚。村长被公安局带走了，并处以15天的行政拘留。但是在秋菊被告知这一决定、村长被带走之际，秋菊说，‘怎么把人给抓了，我只是要个说法’。她跑到村外的公路边，看着远去的警车，满脸的迷惑不解：她不懂得为什么法律是这样运作的。”〔1〕

该片反映了人们的以下困惑：第一，关于权利界定的困惑。大家一般认为，骂人断子绝孙是对公民权利的一种侵犯，甚至要比身体伤害更为严重。但我们依据那种进口观点构建起来的正式法律制度却认为，肉体的伤害是伤害，而语言、至少“断子绝孙”这样的语言是不构成伤害的。第二，关于制度运作的困惑。绝大多数人都知道秋菊的“说法”是什么，但因为正式法律制度的设计与安排上没有这个“说法”的制度空间，它就无法实现，也就是说，秋菊的“说法”缺乏请求权基础。第三，关于正式法律干预所引发后果的困惑。尽管秋菊从未试图将村长送进“局子”，但村

〔1〕 苏力：“秋菊的困惑与山杠爷的悲剧”，载苏力：《法治及其本土资源》，中国政法大学出版社2004年版，第24、25页。

长确实因秋菊的所作所为进了“局子”。在村民看来，秋菊“过分了”，她“不近人情”，村民们在一段时间内不愿同秋菊及其家人交往。秋菊事件损害了社区中曾长期有效且在可预见的未来村民们仍将依赖的、看不见的社会关系网络。[1]

7. 克莱默夫妇（Kramer vs. Kramer）

［**简介**］这是一部反映单亲家庭的杰作，讲述了一对夫妇争夺子女抚养权的故事。泰德·克莱默是一位广告职员，他整天忙碌而无暇照顾妻子乔安娜和6岁的儿子比利。然而有一天，厌倦了整日忙碌家务事的乔安娜终于再也无法忍受这样的生活，抛下丈夫和儿子离家出走。一年之后，已是设计师的乔安娜前来要求获得比利的抚养权，于是一场官司不可避免……

［**思考**］该片“为我们提供了一个认识作为制度的法律与作为伦理的家庭之间关系的视角：法律在某种程度上创造了伦理的婚姻与家庭，然后它不再出面，直到婚姻和家庭个体感情的伦理出现了问题，法律才又参与进来。这时法律要做的不是争执双方孰是孰非的判断（‘清官难断家务案’；影片中的一个律师也对男主人公说：‘监护权的诉讼最难打’），它只是以一种结论的宣告——虽然宣告的过程要考

---

〔1〕 苏力：“秋菊的困惑与山杠爷的悲剧”，载苏力：《法治及其本土资源》（修订版），中国政法大学出版社2004年版，第27～34页。

虑各种感情和伦理因素——来做一种制度上的‘决断’，以唤起当事人对法律和家庭生活‘幸福真谛’的认识。法律本身不是伦理，但法律可以弥合伦理与精神上的创伤”。[1]

8. 我是山姆（I am Sam）

[**简介**] 能否以弱智为理由，将山姆亲生女儿判决给他人抚养？如何看待弱智父母的抚养权？法律介入亲情有无临界点？

9. 费城故事（Philadelphia）

[**简介**] 该片讲述了一个艾滋病患者用法律维护自己权益的故事，它被称为“好莱坞面对艾滋病”的影片，标志着好莱坞不再逃避社会现实，而正式向泛滥美国的艾滋病宣战了。该片于1993年在美国上映，并获得第66届“奥斯卡金像奖”最佳男主角奖和第44届“柏林国际电影节”最佳男主角奖。

10. 姐姐的守护者（My sister's keeper）

[**简介**] 经典独白：“当我还是个小孩子的时候，我妈妈告诉我，我是一小块的天蓝，因为爸爸妈妈太爱我了，所以我才来到了这个世界。直到后来我才了解并不完全如此。大部分婴儿的诞生都是出于巧合。我是说，在遥远的天堂

---

〔1〕 谌洪果：“让法律来弥合创伤：《克莱默夫妇》”，载谌洪果：《法律人的救赎》，中国民主法制出版社2011年版，第50页。

里，每个小小的灵魂都飞来飞去，寻找可以寄宿的身体。而在人间，两个人做了爱之类的事情，然后咣当一下，巧合就发生了。当然人家会说一家人都是怎么为家庭发展精心计划好的，但实际上大部分宝宝的降生，却要归咎于一夜宿醉、未能采取生育控制。他们都是意外的产物。只有那些有生育困难的家庭才会真的计划生宝宝这件事儿。然而我呢，却不是因巧合而生。我是被设计出来的，为了一个特别的理由而出生。一个科学家把我妈妈的卵子和我爸爸的精子结合起来，为了造出一个特定的基因组合。他这么做，是为了救我姐姐。有时候我会想说，如果凯特身体健康的话会怎么样，大概我还在天堂或者哪里等着人间一个寄宿的身体吧。不管巧合与否，我却已经在这世界上了。"

［**思索**］儿童的权利。有无出生权利？

11. *勇者无惧*（Amistad）

［**简介**］1839年，运送黑奴的阿米斯塔德号轮船在大洋上遭遇暴风雨，黑奴们趁乱暴动，将船员砍杀，控制了轮船并试图驶回家乡，然而6周后，他们阴差阳错地抵达了美国，幸存下来的44名黑奴被美国军方逮捕，并将面临杀人罪的指控。此时，西班牙女王向美国总统要求引渡这些属于西班牙的黑奴；两名海军军官也宣称黑奴是他们的战利品；另有人拿出了在古巴购买这些黑奴的证明。各方争执之际，废奴会的领袖之一，同时也是船公司负责人的乔德森与友人塔培安雇用了律师罗杰，希望证明这些黑奴来自非洲，从而

在废奴观念深入人心的大环境下为他们谋取自由……

[**思索**] 该片让人联想起 19 世纪在英国发生的“海上人吃人案”，即“女王诉达德利和史蒂芬斯案”，以及富勒教授的假想公案“洞穴奇案”。三者之间异同何在？如何看待正义与多数人同意的制度安排？

12. 驯马人莫兰特（Breaker Morant）

[**简介**] 该片改编自一个真实的故事。在南非第二次布尔战争期间，上尉莫兰特和他的几位朋友一起在英国驻南非军队服役。在一次围剿布尔游击队的行动中，上尉亨特受伤被布尔人抓住并残忍地杀害，莫兰特于是奉上司的命令追击游击队并枪杀了所有的俘虏，由此引发了一连串的报复与反报复。双方的领导层在战争的最后阶段把莫兰特和他的朋友推出来做替罪羊，以此来推卸战争中的责任。

六、法律职业伦理与道德

1. 魔鬼代言人（The Devil's Advocate）

[**简介**] 该片根据艾伦·德肖维茨的小说改编，讲述了年轻有为的律师罗麦斯经不住高薪豪宅的诱惑，带着妻子从家乡来到纽约发展，为了追求利益和打赢官司，他明知被告有罪仍为其辩护，甚至不惜隐瞒证据……

[**思索**] 律师追求个人生存与发展之外，还要追求什么？

2. 芝加哥（Chicago）

［简介］影片讲述的是两起发生在芝加哥的案件，经过律师比利炒作后使得自己声名大噪的故事。该片将20世纪20年代的芝加哥不择手段求出名的世态演绎得淋漓尽致。

3. 大审判（The Verdict）

［简介］酗酒成瘾的律师法兰克力图重振声威。在同为律师的米基介绍下得到了一宗医疗纠纷的案子，为一名在教会医院中因为生产处理不当而变成植物人的女子索赔。法兰克当初愿意庭外和解，这样他就可以有1/3的赔偿金平安装进口袋，但当他深入了解当事人的惨况后，决定要伸张正义，跟代表医院的大律师硬碰硬，借此找回他个人失去已久的自尊心。

4. 我的堂兄文尼（My Cousin Vinny）

［简介］大学生比尔·甘比尼和斯坦·罗森斯坦驾驶汽车去加州上学。他们在商店拿走了一盒肉罐头，却忘记付款。当警察扣留他们后，他们马上承认了过失，然而他们发现是被指控“谋杀了商店店员”。比尔请来了刚刚毕业的律师——堂兄文尼。狂妄自大的文尼在法庭上暴露出他对法律的愚昧无知，引起法官张伯伦的反感。张伯伦以“蔑视法庭”罪将文尼监禁起来。文尼被保释出来之后，因一夜未能入睡，且又和法官不和，所以在法庭上的辩护越来越笨拙。于是比尔和斯坦便将该案委托给另一位辩护律师。后来

真凶被逮，比尔和斯坦被宣判无罪。

5. 伸张正义（And Justice for All）

[简介] 亚瑟是巴尔的摩市一名正直勇敢的律师，他试图改革司法界贪污腐败的歪风，为市井小民伸张正义。但是同侪们却对他敬而远之。一位冷酷无情的法官，甚至以藐视法庭的罪名将他拘禁一天。一日，这名法官因强暴并殴打一名年轻女孩而被逮捕，他要求亚瑟为他辩护，亚瑟因此陷入道德与法律的困境，正义的天平两端分别是他的事业与良心，亚瑟要如何打这场官司呢？

6. 《四季之人》（A Man for All Seasons）

[简介] 该片根据历史真实故事改编而成。16 世纪，好色之徒英王亨利八世见异思迁，爱上了安妮，于是想与王后离婚。他断绝了与罗马教皇的联系，以免受到制约，但他仍需寻求国内贵族的支持，因而他要求大法官托马斯·摩尔在他的离婚法令上签字。托马斯·摩尔是一个讲原则而又富于理性的人，他是英国当时著名的政治家，并著有影响深远的《乌托邦》一书。他在此时则被置于一个两难的境地：是不屈服于腐败国王的淫威而坚持原则，还是向好色暴戾、无可救药的亨利八世低头？最后他辞去了大法官的职务，并拒绝签字。

7. 合理怀疑（Reasonable Doubt）

［**简介**］年轻的检察官酒后开车不慎撞倒行人，却驾车而逃。无辜他人，蒙冤入狱。在道义面前，检察官最终选择自首。事后却发现，事件另有隐情。然而，事情的发展已经超出了他的控制，一次次的谋杀案件都与他扯上了关系，他该如何解决重重危难？

七、心理悬疑类

1. 无辜的人（The Innocents）

［**简介**］该片是一部哥特式的心理悬念片，故事情节紧张，充满了凶兆、阴谋、暴力、恐怖、超自然力量的元素。偌大的庄园，一再出现的幽魂折磨着年轻的女教师，使她生活在无穷无尽的梦境和幻觉之中。

2. 罗生门（In the Woods）

［**简介**］该片根据日本作家芥川龙之介的短篇小说《竹林中》改编而成。影片以战乱、天灾、疾病连绵不断的日本平安朝代为背景，主要讲述了一起由武士被杀而引起的案件，以及案件发生后人们之间互相指控对方是凶手的种种事情及其经过。围绕杀人事件，小说中的7个人各有不同的讲述。同一个事实，根据人们的关心、角度、目的和情感的不同，可以呈现出不同的面貌。尤其是影片中三个当事人的讲述，互相印证又相互矛盾，真相仿佛永远难以被调查。“司法人员不是神仙，无法全知全觉，也无法穿越时空隧道，只

能通过有限甚至短缺的证据去认识发生在过去的案件事实。于是，那事实便如水中之月镜中之花一般而具有了模糊性。”〔1〕

［**思考**］事实认定容易吗？请看电影《罗生门》。法律适用简单吗？请读名著《洞穴奇案》。前者围绕一起杀人事件，建构了7种不同的故事版本；后者围绕一个假想公案，讨论了14种不同的法律观点。

3. 铁律柔情（Suspect）

［**简介**］本片讲述的是由女书记员凶杀案而引出的一系列官场上的是非之事。一个精明得七情六欲尽写在脸上的陪审员，他一方面为了本身的政治游说工作不惜和徐娘半老的女议员上床，另一方面则主动热心地帮助辩护律师搜集证据查案。按照法律规定，辩护律师是不得与陪审员来往的，而事情的发展却逼得两人之间的关系越陷越深。

4. 一级恐惧（Primal Fear）

［**简介**］少年被指控谋杀主教，律师围绕人格分裂症为之做无罪辩护。影片结束时，律师终于明白，他是被告人精湛演技中的一枚棋子。

5. 死囚漫步（Dead Man Walking）

［**简介**］改编自修女海伦·普雷金的真实故事。海伦应

〔1〕 何家弘：《短缺证据与模糊事实》，法律出版社2012年版。

死刑犯马修·庞谢特的要求开始跟他通信，后来又到监狱去探望他，逐渐成为他的心灵寄托对象，也发掘出马修杀害一对年轻恋人的不寻常真相。海伦只知道马修因残杀一对在林中幽会的小情人而被判死刑，但他否认自己参与了下毒手。跟许多死刑反对派人士一样，修女海伦希望马修是被冤枉的。面对村人的愤怒和受害人双亲的悲痛，海伦以最大的勇气要求他们的谅解和饶恕马修的罪孽。本来一直不肯悔改的马修在行刑前终于突破心防真诚忏悔，安心地走向死亡线。

6. 沉默的羔羊（The Silence of the Lambs）

［**简介**］该片讲述了实习特工克拉丽斯为了追寻杀人狂野牛比尔的线索，前往一所监狱访问精神病专家汉尼拔博士，汉尼拔给克拉丽斯提供了一些线索，最终克拉丽斯找到了野牛比尔，并将其击毙。

八、监狱制度

1. 肖申克的救赎（The Shawshank Redemption）

［**简介**］该片入选美国电影学会20世纪百大电影清单。影片中涵盖的主题是“希望”，全片透过监狱这一强制剥夺自由、高度强调纪律的特殊背景来展现作为个体的人对“时间流逝、环境改造”的恐惧。影片的结局有《基督山伯爵》式的复仇宣泄。

2. 一级谋杀（Murder in the First）

［**简介**］亨利年幼时为偷五元钱而入狱。后逃狱，但因被出卖而失败，被关进黑洞，在狱中受到极不公平的对待，精神和肉体都备受摧残。冲动之下，他用吃饭用的匙子杀死了出卖他的囚犯。于是，亨利被控一级谋杀，关进死囚牢。年轻的律师在亨利一案中发现了许多疑点，这为亨利带来一线生机，两人在交谈中建立起互相信任的关系。在法庭上，他们揭露出一桩又一桩骇人听闻的监狱丑闻。

3. 越狱（Prison Break）

［**简介**］该剧讲述的是一个关于拯救的故事。迈克尔为救被人陷害入狱的哥哥林肯而入狱，之后实施精心准备的越狱计划并成功逃脱，在逃亡生涯中再次入狱，最后收集证据以求脱罪。

九、中西文化差异

1. 刮痧

［**简介**］一部中国电影，主要讲述中西方对孩子抚养和教育的观念、行为差异，及由此带来的司法处理差异。

［**思考**］虐待孩子是不是一个地域性的概念？

2. 红色角落（Red Corner）

［**简介**］影片主要讲述美国律师在中国涉嫌犯罪，中国律师为其辩护的故事。

美国律师杰克代表一大公司来到中国与某政府高官洽谈一笔卫星通信交易，与一名中国美女一夜邂逅，次日，该美女陈尸房内，杰克被捕。死者是权高位重的解放军高级将领之女，将军立誓将不惜任何代价把凶手绳之以法。而执法人员一口咬定凶手除杰克外再无他选。公司的人也不愿意帮助他，法院指派的律师不相信他，狱里的执法人员对他百般暴虐，他似乎只能坐以待毙了。所幸真凶按捺不住，步步为营地毁灭证据、恐吓律师、殴打疑犯并试图刺杀疑犯……

九、卓越法学本科生要关注的新媒体

这是一个手机网络时代。手机不离手，通过手机浏览网站，刷微博，发微信，是很多大学生的新常态。相对于传统书籍阅读方式而言，通过手机网络获取信息，进行专业学习，具有碎片化、浅层化等易被人诟病的弊端，但时代已经变化，我们不可能不让学生使用手机网络。如何利用手机网络促进学生的专业学习，是摆在我们面前的问题。基于此，我们为法学本科生推荐下列新媒体。

一、网站

（一）公开课类

1. 爱课程（icourse）

［**推荐语**］包括中国大学 MOOC、视频公开课、资源共享课、热门课程、学习笔记等栏目。一网在手，尽睹国内各高校知名教授讲课风采。

2. MOOC 中国

［**推荐语**］为国内小伙伴推荐最好慕课的中文慕课网，分经典课程、永久课程、专项课程等栏目。你可以学习耶鲁大学开办的美国宪法、伦敦大学的大宪章及其遗产、新竹“清华大学”的知识产权法概论、北京大学的刑法学总论等课程。

3. 网易公开课（http://open.163.com）

［**推荐语**］网易推出的“全球名校视频公开课项目”，包括“国际名校公开课”和“中国大学视频公开课”，前者收录了剑桥大学法学院、斯坦福大学法学院、东京大学法学院等国际知名法学院的部分法学课程的教学视频，后者则收录了中国政法大学、中国人民大学等国内名校法学院的部分教学视频。利用者可在线免费观看这些教学视频。

4. 法律教育网（http://www.chinalawedu.com）

［**推荐语**］这是一家专业的法律教育网站，致力于为网络用户提供丰富的司法考试学习资源，其中包括历年司法考试的真题与解析，各考试科目的复习要点与练习等。此外，该网站的“司法考试经验交流”版块为考生总结得失、交流经验提供了平台。

（二）时政类

1. 新华网（http://www.xinhuanet.com）

［**推荐语**］新华网是新华通讯社主办的中央重点新闻网站，以“传播中国、报道世界”为职责，以“权威声音、亲切表达”为理念，使用中（简、繁体）、英、法、西、俄、阿、日、韩、藏、维等多种语言，24小时不间断发布全球新闻，是名副其实的“网上新闻信息总汇”。

2. 光明网（http://www.gmw.cn）

［**推荐语**］由光明日报社主办，是国内唯一一家定位于思想理论领域的中央重点新闻网站。建设目标是“知识分子网上精神家园，权威思想理论文化网站”，建设理念是“新闻视野，文化视角，思想深度，理论高度”。

3. 人民网（http://www.people.com.cn）

［**推荐语**］人民网创办于1997年1月1日，是世界十大报纸之一《人民日报》建设的以新闻为主的大型网上信息交互平台，也是国际互联网上最大的综合性网络媒体之一。人民网以“权威性、大众化、公信力”为宗旨，开设有《人民日报》PDF版和报系20多份报刊的电子版等栏目，由中国共产党新闻、中国人大新闻、中国政府新闻、中国政协新闻等栏目构成中央网群版块，已成为发布国家重要新闻、权威解读政策法规和沟通人民群众的重要桥梁。

4. 华盛顿邮报官网（https://www.washingtonpost.com）

［**推荐语**］同样的事件，不同的视角，打破惯性的思考评价模式，用另一种眼光审视已知的世界。

（三）实务类

1. 中国人大网（https://www.npc.gov.cn）

［**推荐语**］了解人大情况，关注法律废、改、立，发表自己的相关意见。中国人大网是培养公民素养，参与立法的重要途径。

2. 中国法院网（http://www.chinacourt.org）

［**推荐语**］中国法院网由最高人民法院主管、人民法院报社主办的全国法院门户网站，其开设的“中国法院庭审直播网”栏目提供各地方法院的刑事、民事、行政案件的庭审直播，“中国审判案例库”栏目收录有大量的指导案例和典型案例。

3. 正义网（http://www.jcrb.com）

［**推荐语**］该网是中国最大最权威的法律网站之一，是目前中央重点新闻网站行列中的法治类网站，其评论、学术、访谈、文化等栏目尤其值得青年学生关注。

4. 中华人民共和国司法部网站（http://www.moj.gov.cn）

［**推荐语**］该网站由中华人民共和国司法部主办，其

“司法考试”专栏是全面了解司法考试相关法律、法规、政策，把握司法考试最新动态的最权威渠道。

5. 中国律师网（http://www.acla.org.cn）

［**推荐语**］中国律师网是中华全国律师协会的官方网站，其“律师实务”、“业务进阶”、“律师文化”、“执业感悟”等栏目内容有助于青年学子对律师职业形成更加全面、深刻的认知。

（四）理论类

1. 中国法学网（http://www.iolaw.org.cn）

［**推荐语**］中国法学网由中国社科院法学研究所和国际法研究所联合主办，设有“本站首发”、“最新作品”、“成果推介”、“学者文集”等十余个栏目。其中，“最新作品”栏目主要推出法学专业各学科的最新理论研究成果，“学者文集”栏目则支持国内知名法学家所著文章的在线阅读。这两个栏目有助于法律学子概览学科发展历史，及时了解学科最新理论动态。

2. 中国知网（http://www.cnki.net）

［**推荐语**］中国知网是全球领先的数字出版平台，拥有中国期刊全文数据库、中国博士学位论文数据库、中国优秀硕士学位论文全文数据库、中国重要报纸全文数据库和中国重要会议论文全文数据库等多个数据库。利用者不仅可下载

阅读法学专业各类期刊论文、博硕士论文，亦可全文下载国内重要报纸刊登的法学文章及国内法学学术会议论文集收录文章。

3. 中国民商法律网（http://www.civillaw.com.cn）

［**推荐语**］该网站依托中国民商事法律科学研究中心，以“学术思想的交流平台、学术研究的资源中心、学界成就的展示阵地、中心建设的宣传窗口”为建设宗旨，设有深度专题、悦读驿站、法典评注等专题。

（五）图书类

1. 法律图书馆（http://www.law-lib.com）

［**推荐语**］法律图书馆是国内有较大影响力的综合性法律门户网站，可检索、在线阅读或下载国内法律法规的中文文本，提供国内最新立法动态和各种法律文书范本；支持国内各类裁判文书的检索和在线阅读。

2. 北大法律信息网（http://www.chinalawinfo.com）

［**推荐语**］北大法律信息网是由北大法制信息中心制作及维护的专业法律网站，主要栏目包括法律法规数据库、中国法律检索系统、中国法律英文译本库、中国法学期刊数据库、中国司法案例数据库、专题参考等。该网站的“中外条约”栏目可检索到中国缔结或参加的双边协定、多边公约的内容；其“外国与国际法律数据库”可检索到世界各

主要国家现行法律的中文文本；“英文译本”栏目提供我国部分法律法规以及部分裁判文书的英文翻译。

3. 北大法意（http://www.lawyee.net）

［**推荐语**］该数据库以案例、法规、论文为基本分析单元，从不同角度解析各种类型的法律信息。在法规检索方面，该数据库开发出逐个法条的全文检索功能；在案例研讨方面，该数据库开发出案例的复合检索功能。该数据库包括法院案例、法律法规、法学论著、合同文本、法律文书、法律咨询、法学辞典、统计数据、金融法规、法意周刊、政报文告、审判参考、立法资料、行政执法、法务流程、司法考试与法律人等十七大子数据库。

4. Lexis Nexis 法律专业数据库（http://www.Lexis.com）

［**推荐语**］Lexis Nexis 是与 Westlaw 齐名的在线法律检索工具，其搜索界面的资源包括：①判例法：提供美国、欧盟、英国、澳大利亚、加拿大、中国香港地区、马来西亚、新西兰、南非等国家和地区的判例；②全球立法：包括美国在内的 26 个国家的立法、判例或贸易投资法律实务信息；③美国与英国的立法历史与政治：提供美国国会议案信息、各州议案追踪，帮助用户了解立法历史与政治背景；④综合全面的美国法律数据：美国约 300 年的联邦与州的案例，1790 年以来的最高法院案例，最高法院上诉案例，1789 年以来的地方法院案例，联邦及州的立法、法规、规则等；⑤法

学期刊：包括美国、英国法学核心期刊的全文资料，如《耶鲁法学评论》《哈佛法学评论》；⑥法律报告：除了提供美国法律报告和法理学及美国判例报告注解、法律重述外，还提供美国法理学（第2版）、律师杂志集等数据库；⑦法律新闻：收录了300多种美国及其他国家的法律报纸、杂志和新闻中的法律报道，既可以通过地域范围来搜索，也可以通过涉及的法律实务分类来查询；等等。

5. Westlaw法律专业数据库（http://www.westlawintern-ational.com）

[推荐语] Westlaw是全球最大的在线法律检索工具，也是公认的最准确、最值得信赖的法律检索平台。利用者可在线检索和阅读美国、英国、加拿大、欧盟、香港地区的法律、法规和条例的英文文本。

二、法律公众号

1. 法律读品（微信号：lawread）

[推荐语] 由检察官运营的国内元老级别的法律类公众微信，致力于传播法治思想，每日推送当天热点政法事件以及关于法治理念、法律文化、司法改革、职业伦理等方面的深度观点。

2. 法律读库（微信号：lawreaders）

[推荐语] 法律界最早创办的微信公众号之一，多次列

入新媒体排行榜中国微信500强，入围微信2014年度最有价值公众号。法治新媒体阅读管家，传递常识，启迪法治。

3. 天同诉讼圈（微信号：tiantongsusong）

［**推荐语**］发端于中国顶尖律所，由无讼阅读专业新媒体团队运营，每日与20万粉丝分享法律知识成果，每天仅精选推送1~2篇最具实用性的文章。

4. 律政观察（微信号：lvzhenggc）

［**推荐语**］一个为律师定制的微信公众账号，每天为数万律师提供有价值的律政资讯和实务信息。

5. 法客帝国（微信号：empirelawyers）

［**推荐语**］法律精英专业社群，坚持实务取向，提供权威法律资讯、精准解读法律、有效解决具体法律问题，每天推送“有用的干货”。

6. 法律博客（微信号：falvboke）

［**推荐语**］每一篇文章，都能感受到法律人对自由的无上追求；每一期推送，都可以看到新鲜热辣的法学研究和讨论。

7. 劳动法库（微信号：laodongfaku）

［**推荐语**］国内顶尖的劳动法实务交流微信平台，运营8个月即获得10万个专业人士关注。

8. 国银律师事务所（微信号：gylawyer）

［**推荐语**］追求“原创为王”。设有知识产权、股权、企业法律顾问、律所资讯等版块。长期蝉联河南律所微信公众号第一名。

9. 学术中国（微信号：xueshuzhongguo）

［**推荐语**］中国传媒大学四位博士2014年3月1日创办的学术信息分享自媒体平台，订阅用户以在读硕博研究生和高校青年教师为主。

10. 刑事实务（微信号：xingshishiwu）

［**推荐语**］推送刑事犯罪领域的最新法律法规、专家观点、实务动向、典型案例分析等资讯。

11. 尚格法律人（微信号：falvren888）

［**推荐语**］13万法律职业共同体的交流平台。每天分享从业感悟、司法动态、法律实务和法律资讯类文章。

12. 商务印书馆（微信号：shangwu 1897）

［**推荐语**］及时获取经典书目、汉译世界学术名著目录，解决书籍泛滥带来的选择难题。读有深度的理论书籍，获取提升思想高度的阶梯。

13. 中国社会科学网（微信号：cssn_cn）

［**推荐语**］该公众号依托中国社会科学网、《中国社会

科学》和《中国社会科学报》等权威学术媒体，集学术思想性、理论权威性和公共服务性于一体，及时发布重要学术资讯，追踪和反映哲学社会科学学术前沿、学科趋势和最新成果。

附　录

检察官眼中的卓越法律人才

——以基层检察机关需要什么样的法律人才为视角

韩火青

党的十八届四中全会通过的《中共中央关于全面推进依法治国若干重大问题的决定》，对全面建成小康社会决定性阶段的依法治国工作进行了全面部署。实现依法治国战略需要有高素质的法律人才，那么法律人才应当具备哪些基本素质呢？对于检察机关，特别是承载着80%案件量的基层检察机关来说，我们需要的出色检察官除了一般法律人才所具备基本的素养外，还要具备哪些素养呢？与此同时，作为在法律人才培养和全面推进依法治国过程中，处于基础性、先导性地位的高校法学院，又当如何培养出时代所需要的卓越的法律人才哪？笔者将带着上述三个问题，从一名检察官的角度出发，结合实际工作，谈几点粗浅认识：

一、法律人才应当具备的基本素质

（一）正确的人生价值观

法律是什么？法律是建立在正义基础上并由此衍生出来的一门学科。法律的正义特性要求任何一名法律人都要坚守社会正义这一本质要求。而维护正义就是法律人的人生价值观。众所周知，价值观是世界观的重要组成部分，正义作为社会普遍的价值标准，不仅具有一般的社会意义，而且对于法律来说，正义往往被当作法律最高的或根本的价值，而这一价值对于法律人来说尤为重要。以检察机关为例，检察院作为国家法律的监督机关，检察官作为国家权力和意志的代表和具体执行者，检察官的一切活动都是围绕宪法和法律展开的，如果检察官没有正确的人生价值观，在惩治犯罪过程中不能持守正义，在面对各种诱惑和困难的时候，就会离开象征国家权力的宪法和法律，最终对法律的尊严造成伤害，对人民群众切身利益造成伤害。

（二）扎实的法学素养

习近平总书记提出，要建设社会主义法治国家。实现这一宏伟目标，关键是要有一批学法律、懂法律、执行法律和宣传法律的法律人才队伍，而法律人才一定要具有扎实的法学理论素养。那么法学素养应该包含哪些内容呢？笔者认为，一个具有扎实法学素养的法律人，应该具备三个方面的能力：一是较好的法律理论水平。即牢固树立依法治国、执法为民、公平正义、服务大局、党的领导的社会主义法治理念，深刻领会法律的精神和价值，正确把握法律与政策的关系。二是高尚的职业道德素质。新时期的法律人应具备爱岗敬业的德操，即在职务活动中必须遵守法律职业道德。作为法律的实际运用者，首先自身要遵纪守法，自身要清正光明，对待群众需求，无论是为人处世，还是举止言行，都应当用更高的标准要求自己。三是理论联系实际的能力。法律的作用就是服务，法律人通过掌握的法律知识，为有需要的群众提供法律服务。直接面对群众，既要严格依法办事，还要善于做群众工作，有较高的释法析理能力，让自己办理或接触的案件或法律事件实现法律效果、社会效果的有机统一。

（三）健康的心理素质

所谓法律人的心理素质，是指法律人在法律运用中表现出来的，对整个行为有直接而显著影响，决定法律效果的心理品质的总和。一个法律人只有具备良好的心理素质，其他方面的综合素质才会有较高水平。作为维护社会正义和公平的重要力量，无论是在办理民事、刑事、行政案件时，还是在从事法务工作时，都可能面临或承受巨大的精神压力，因此，优秀的法律人才应该具有高于常人的心理素质。笔者看来，一个优秀的法律人才至少要具备以下心理素质：百折不挠的坚强意志，沉着冷静的处事能力，乐观开朗的生活态度。百折不挠的坚强意志，是战胜苦难获取成功所必需的一种心理品质。沉着冷静的处事能力，是避免工作中走弯路的有效心理措施。乐观开朗的生活态度，是保障心情愉悦的有效方式。

（四）较强的适应能力

随着就业模式的不断转变，近些年来，国家公务员考试和各省、市组织的地方公务员考试受到人们的关注，特别是受到毕业大学生的热捧。许多可能从未离开过家乡的人去到了离家几百公里甚至上千公里的地方参加工作。在外工作就可能面临着语言关（方言）、饮食关、气候关、风俗关等多重挑战，而这种困难在较大的城市不是太明显，但对于相对闭塞、封闭的基层县、市和乡镇来说，体现得则更加明显。而作为一名法律工作者，通常情况下，一项法律工作是不太可能仅靠坐在办公室里就能完成的，它也许需要我们去调取证据、询问证人，需要我们出庭支持公诉，审理各类案件。试想，如果连对方说什么都听不明白，又怎么能够达到所要达到的法律效果呢？同样，我们的法律工作者可能还需要深入乡村、社区、学校开展普法宣传，不了解当地风土人情，便不能跟群众打成一片。因此，对于那些从成千上万名竞争者中脱颖而出的大学生来说，如果自己的创业之路是在本不熟悉的外地开始的，要想成为一名优秀的法律人才，就要快速地融入当地的生活，具备一颗具有较强适应能力的“大心脏”。

二、基层检察机关的法律人才还应当具备的几项法律能力

检察机关是国家的法律监督机关，履行着保障法律正确实施的职责。特别是近些年来，我国几部重要法律先后进行

的修改，从前所未有的深度和广度上完善和创新了我国相关法律制度，对建设公正高效权威的司法制度具有重要而深远的意义。作为监督法律执行的检察人员，面对修改后的各项法律提出的更高要求和严峻挑战，除了必须具备的基本法律素养外，还应该有更高层次的提升才能适应检察工作的新要求。

（一）案件侦查能力

对于检察机关而言，侦查能力主要是指查办职务犯罪案件的能力。相比一般刑事案件而言，职务犯罪的侦查对象、侦查手段和侦查模式都有不同。众所周知，2012 年以来，《刑事诉讼法》《律师法》和《国家赔偿法》陆续做出修改，加上十八大以来中央反腐力度空前加大，职务犯罪侦查面临新的机遇和挑战。这种变化集中表现在“惩罚犯罪”和“保障人权”的有机统一。修改后的《刑事诉讼法》将“保障人权”写入其中，这意味着对犯罪嫌疑人、被告人的人文关怀更加精细。具体来说应该表现在：一是辩护权得到充分保障，律师以辩护人身份介入案件的时间提前。二是强制措施适用进一步规范。2014 年底，最高人民检察院召开全国电视电话会议，决定用一年的时间，重点解决司法实践中存在的司法不规范问题，特别是对强制措施适用方面做出更为严格的要求。三是增加羁押必要性审查。通过该项制度，对职务犯罪嫌疑人、被告人的羁押状态进行动态审查和监督，及时纠正不当羁押行为，切实保障其人身权利。四是证据规则和证据制度新变化。以往查办职务犯罪案件，“口供”往往是案件侦查的突破口，为了获取“口供”，容易出现刑讯逼供的情形。修改后的《刑事诉讼法》增加了“不得自证其罪”原则和“非法证据排除”规则。上述几点变化都对检察机关的侦查工作提出了新的挑战和要求。为更好适应新的需要，检察办案人员应积极转变，主动适应。具体来说，要在两个方面有所提升：一方面是树立“人本主义”司法理念。在职务犯罪侦查环节，检察人员要加强自身学习，如犯罪学、心理学、证据法学等相关知识，在整个侦查过程中尊重职务犯罪嫌疑人的权利和尊严，深刻理解“尊重和保障人权”的实质内核，真正内化于心，做到“非法证据排除”和“不强迫自证其罪”，用更为科学、合理、柔性的办法和思维实现职务犯罪侦查突破。另一方面是转变侦查讯问方式。鉴于司法要求的转变，以往更为强调“刚性”侦查讯问方式已不能适应需要，侦查人员要快速适应由“刚性”讯问方式向“柔性”侦查讯问方式的转变。即运用“情感”、“证据”、“个性化对待”和“态度”等“软”的方式与被讯问人沟通，打动其心灵，进而自愿供述犯罪事实。当然了，由于“柔性”侦查讯问方式不如“刚性”讯问方式立竿见影，而司法理念和要求已经转变，方式必然要随之做出调整，才能适应时代的要求。

（二）案件审查能力

笔者认为，案件审查能力，集中体现在对案件证据的准确把握上。诚如前文所述，修改后的法律，特别是《刑事诉讼法》实施以来，对刑事案件证据的审查更加严格，制定的证据标准更高，加之以审判为中心的诉讼制度，刑检工作面临很大挑战，作为一名优秀的检察人员，对此应该不断强化三个方面的能力：一是迅速转变观念。恪守检察官客观公正义务，在刑事办案过程中，及时转变观念，既要注重审查有罪证据和重罪证据，也要注重审查无罪和罪轻证据，准确发现并尊重案件事实真相，避免片面追求控诉，力求不枉不纵，做忠实的“法律守护人”。二是提升案件审查能力和水平。严格把握逮捕、起诉、申诉的证据标准。以逮捕标准为例，《刑事诉讼法》规定逮捕的证明标准是“有证据证明犯罪事实”：有证据证明发生了犯罪事实；有证据证明该犯罪事实是犯罪嫌疑人所为的；证明犯罪嫌疑人实施的犯罪行为的证据已经查证属实。作为优秀检察人员，在审查逮捕过程中，既要重视对案件事实证据的审查，还要注重对社会危害性条件的审查，既要坚持逮捕的法定条件，准确适用附条件逮捕措施，又要防止“带病”逮捕或者人为拔高逮捕证据条件。三是转变传统审查方式。以往检察人员审查案件以书面审查、依赖口供为主，随着时代的发展，这种方式弊端渐多，作为优秀的检察人员，应当加强讯问犯罪嫌疑人、被告人工作，询问被害人和证人工作，积极主动调查核实案件主要证据和关键证据，注重听取辩护律师意见，注重审查单个证据的合法性和真实性，对于非法言词证据要坚决予以排除。

（三）涉检矛盾的化解能力

作为直接与群众接触的基层的检察机关人员，办理的每一起案件都与社会的和谐稳定、与群众的生产生活息息相关。近些年来，随着我国经济进入转型期，社会不稳定因素在逐年增加，各种社会矛盾日益突出，信访数量长期居高不下，集体访、重复访、多头访、缠访闹访等疑难复杂信访案件比例增大，检察机关信访工作面临着十分严峻的考验，如何做好涉检信访稳定工作，维护好检察机关在群众中的良好形象，对于检察机关以及每名检察人员来说，都是一个重点课题。笔者认为，作为一名优秀的检察人员，在面对群众来访时，要保持“三心”和坚持“两提升”，努力将涉检矛盾在基层解决。所谓“三心”是指，涉检信访维稳工作中要耐心听取群众反映，给群众提供倾诉的机会；真心帮助当事人及时解决在诉讼中的实际困难；要有信心处理每一件涉检信访案件，密切注意当事人的心理趋势，确保不稳定因素早发现、早预防、早处理。“两提升”是指检察人员要提升办案工作的释法说理能力，用群众理解得了、听得懂的语言和方式做好群众工作，消除敌视心态，切实实现案结事了；提升检察人员执法办案公开、透明程度，通过检务公开，自觉接受外界监督，主动规范自身执法行为，增强群众对检察机关和执法办案人员的公信力。

（四）信息化的应用能力

科技强检战略是推进依法治国战略对检察工作的必然要求，是推动检察事业科学发展的重大战略措施。当前，办案过程中的技术因素所占比例越来越高，在新常态下，检察人员应积极转变办案工作方式，提升运用科技手段从事检察工作的能力和水平，学会运用科技手段服务检察工作，提升检察业务、检察办公、队伍建设和检务保障等工作中的效率。如在职务犯罪侦查工作中，提升运用技术手段收集、固定、鉴别证据的能力和水平。再比如说，积极适应公诉环节应用多媒体出庭示证，在控告申诉环节使用远程视频接访，在队伍建设中应用检察队伍信息管理系统对检察人员信息进行网上动态管理，等等。

三、如何做好法律教学与基层检察实务的衔接

（一）加强法律教育中法律方法训练

增设职业能力培养课程，注重提升法学院学生学术知识转化为实际办案技能的能力。根据教育部发布《全国高等学校法学专业核心课程基本要求》，确定了全国高等学校法学本科专业必须开设的 14 门核心课程。这些核心课程相对而言更加侧重于法学理论知识以及学术能力的培养。但是随着我国法治建设速度的加快，法律在人们的日常生活中扮演着越来越重要的角色，这就要求法律从业人员具有很好的职业能力，能够把学到的法学理论知识很好地运用到实践中以解决具体问题。2011 年，中央政法委颁布了《关于实施卓越法律人才培养计划的若干意见》，明确提出要“开发法律方法课程”，从而提高学生的法律诠释能力、法律推理能力、法律论证能力以及探知法律事实的能力。笔者看来，法学院可以从三个方面着手：一是借鉴外国先进经验，及时开设“法律方法”课程。德国的法学院非常重视法学方法论

课程，德国规范法律职业者的法律或条例，将法学方法或法学方法论作为大学法学教育的必修科目或者基础科目，其目标就是强化学生法律方法和法律思维能力的培养，从而帮助学生学会运用各种法律方法来完成职业任务，提高法律技能。二是完善法律实务课程。当前，大部分的法学院都开设有模拟法庭课程，这种方式非常好，对于增加学生对法律知识的运用和法律活动的感知度具有很好的帮助，因此法学院要不断完善这种实践活动，定期且经常性的组织学生开展模拟法庭活动，甚至可以扩大模拟范围，增设模拟检察院，模拟仲裁庭等。三是改进课堂教学模式。笔者认为将案例教学法搬进课堂是一种行之有效的教学方式。从事法律工作的人都有深切感受，举例说明效果远胜于纯粹的理论说教。法学教授可以在今后的教学中侧重从法律适用、法律解释、法律推理和法律方法论等法律方法着手，引导学生在案例中将法律知识与案例事实相结合，从而让学生在处理案件过程中全过程地、直观地了解如何规范适用法律，进而提升其释法说理能力、法律思维运用水平和法律实践能力。

（二）增加法学院学生实践经历

美国法学家霍姆斯曾经说过：“法律的生命始终不是逻辑，而是经验。”的确，法律的价值在于服务。一名法学院的学生，可能非常清楚什么是刑法、刑法的基本原则有几条、强制措施分几类，庭审分几个程序，但是却从来没有到过法庭，没有亲身感受过一次完整的刑事审判流程。这是一件非常遗憾和不可思议的事情。实践中，我们的很多刚入职大学生法律知识很丰富，但是在实际运用中习惯性的“坐而论道”，不知道该如何具体操作。这正是缺乏实践经验的表现。因此，法学院应当在学生学习阶段有意识地加强这方面的培养。简单高效的方式就是加快校外实践教育基地建设，延长学生在法学教育阶段的实践期限。具体来说，有以下三点建议：一是要有针对性地选取共建单位。笔者认为，共建基地的选取要围绕人才培养这一核心，要凸显专业要求和特点以及学生的职业意愿。如，刑法类专业的学生，可将检察院、公安局作为首选共建单位，民法类、行政法类专业的学生，可将法院作为首选共建单位。二是合理安排学生实习。要做好实习学生的动员工作，让其明白实习的重要性和必要性，增加其实习的主动性和自觉性。还要合理安排学生的实习期间，在条件允许的情况下，适当延长学生实习期限。三是建立导师制度和多岗位交流制度。为保障学生实习效果，在实习期间可实行实务机关专门老师带领，通过协助老师办案，言传身教，提升学生法律应用能力。同时，可以实行多岗位交流制度。如，A学生学年实习时，可安排在批捕部门实习，毕业实习时，可到公诉部门实习，通过不同岗位的实习锻炼，接触不同类型的案件，感受不同的办案风格，学习到更多的办案技巧。

（三）加大对司法考试知识教学力度

以笔者所在安阳县检察院为例，目前该院共有干警140人，其中具有法律职称（即检察官或助检员）的有73人，这些人主要分布在8个业务部门。例如公诉部门，该院平均每年办理普通刑事案件 700 件左右，平均每名公诉部门检察官要承办 100 余起，平均 3 天要办结一起案件，案多人少矛盾突出，因此按照工作量考量，仍需多名具有法律职称的年轻血液补充进来。而经过了四年本科阶段学习的法学院学生，很大一部分人仍希望从事与法律有关的工作，如法官、检察官、律师以及法务工作者等。但是通过司法考试，取得从业资格，是从事这些工作的前提条件。国家规定，从 2009 年开始，经过三年本科阶段学习的法律学生，便可参加司法考试，即一名法学院的学生，在毕业前一年和毕业当年的九月份，可以有两次通过司法考试的机会。这大大增加了法学院毕业生从事法律工作的概率。然而，不可否认的是，从全国范围内看，本科阶段能够顺利通过这一考试的学生比例仍非常低。究其原因，就在于司法考试与大学本科教学在教学内容、教学方法和知识理解等方面存在诸多不同。以某知名大学本科阶段刑法学教学为例，该校“刑法学”课程内教学时数为 72 小时，课程教学的基本要求是学生做到五个方面：了解刑法学和我国刑事立法发展概况；明确刑法学研究对象、研究方法，即理论体系；掌握刑法学基本概念、基本理论和基本知识；掌握我国刑法基本精神和集体规定；学会运用刑法理论并根据刑法规定，分析和解决实际刑事案件中的各种基本问题。但是，司法考试更注重学生的分析能力和解决问题的能力，涉及更多的法律、行政法规和司法解释。如在 2015 年国家司法考试大纲中，刑法共有 403 个考点，涉及重点法条 200 余条。因此，许多本科阶段的学生参加司法考试后一个明显感觉就是许多考试内容非常陌生。因此，法学院应当在本科教学中增加讲授司法考试的内容。具体来说，笔者建议做好两个方面的工作：一方面是突出重点法教学，如刑法、刑诉法、民法、民诉法等。另一方面是加大对历年司法考试试题的研究和讲解，让学生更准确地掌握出题重点和出题思路，理解相关法律知识。

【作者简介】韩火青，男，河北武安人。1991 年 9 月至 1995 年 2 月在河南省安阳市北关区纪检委工作；1995 年 3 月至 2014 年 11 月在安阳市人民检察院工作，历任反贪局侦查处副处长、反贪局副局长等职务；2014 年 11 月至今，任安阳县人民检察院党组书记、检察长。韩火青同志多年从事反贪工作，参与办理了数十起在全国、全省影响重大的案件，先后荣获河南省“五一劳动奖章”，河南省首届“平安河南”十大年度人物，被河南省人民检察院荣记个人二等功。

卓越律师是怎样做成的

任卫东

何谓卓越律师？每个律师在不同时间、不同空间、不同视角会有不同理解和认识，就像李安导演的电影《断背山》一样，“每个人心中都有一座断背山”。鉴于此，我只有从我自己的执业经历中谈一些感悟，或许对有志于从事律师工作的后来者有所裨益。

1993 年大学毕业后，一个偶然的机遇使我选择了律师职业。执业 20 年来，共承办各类案件 1500 余件，先后担任 100 余家企事业单位法律顾问，为国家和企业避免和挽回经济损失数亿元。

有这样两个案例，我迄今记忆犹新。

1997 年春节刚过，正值我国《刑事诉讼法》实施不久，广西合山市犯罪嫌疑人兰某（原籍安阳市）的亲属找到律师事务所，要求聘请律师为兰某在公安阶段提供法律帮助。尽管当时《刑事诉讼法》的配套规定尚不完善，律师提前介入承担很大的风险，但想到当事人千里求助，渴望的目光容不得我有其他顾虑。农历正月初四我即动身赶到广西合山市，经与办案机关联系，及时会见了犯罪嫌疑人，为其提供了法律帮助，维护了她的合法权益。

2007 年 11 月，我担任了被告人刘某绑架杀人案件中第二被告龚某的辩护人。庭审中，我提出了龚某在该案中系从犯且属间接故意犯罪的辩护意见，该辩护意见未被一审法院采纳，龚某与第一被告刘某一同被判处死刑立即执行。二审维持原判、驳回上诉。该案在最高人民法院死刑复核期间，我的辩护意见引起最高人民法院承办法官的高度重视，最高人民法院在判决书中认定：“鉴于被告人龚某在共同犯罪中的作用小于刘某，且其主观上系放任被告人死亡的间接故意，依法从轻处罚”，遂直接改判龚某有期徒刑 15 年。宣判后，被告人龚某家人专程从河北省兴隆县赶到安阳，对我的工作万分感谢，连声说：“感谢律师救了老龚一条命”。

我办理的每一件法律事务，不管大案小案，不论收费多少，我总是全身心投入，不敢有一丝一毫的马虎和懈怠；办理的每一件法律业务，我都努力做到全面收集证据，全面掌握相关的法律、法规和有关政策，争取提出最周密的代理或辩护意见。我常对我们的律师同行说：“一个案件，对我们律师来说，可能只是一件小案，但对当事人来说，则是一件天大的事情，因为他们可能一辈子只打这一次官司，官司的结果不仅关系到他的切身利益，甚至可能影响到他终生对法律的信念。”

近年来，我还相继承办了原豫北纱厂副厂长兰某受贿案，原汤阴县交通局长刘某贪污、受贿案，原林州市公安局长翟某徇私枉法案，原安阳市卫生局长杨某受贿案，原安阳市供销社副主任刘某挪用公款案，原郑州市副市长、郑东新区管理委员会主任王某受贿案，等等。通过维护他们的合法权益，彰显了司法的公平与正义。

多年的执业经历使我深深地认识到，要做一名党和人民信任的律师，不但要做好自己的本职工作，还要勇担社会责任，服务于市委、市政府的中心工作。

2007 年 12 月，安阳信益电子玻璃有限公司（以下简称信益公司）进入破产程序，该案在我市乃至全省均有较大影响。我所在的大沧海律师事务所作为破产案件管理人介入该案。该案涉及 1500 余名职工需安置，300 余名债权人申报债权 24 亿元，周边三村村民土地问题未解决，信益公司 16 亿元破产财产需维护管理，对外有 1.5 亿元债权需清收。各项工作千头万绪。同时又面临职工、农民上访，围堵厂区等过激行为。四年来，我和我所的其他律师一道，几乎牺牲了所有的节假日，在市委、市政府的正确领导下，在安阳市中级人民法院的监督指导下，努力化解矛盾，促进社会稳定，积极推进信益公司破产清算进程。现在信益公司的各项破产清算工作已取得阶段性成果。

为更好地开展法律援助工作，我所在的大沧海律师事务所、安阳市军分区、解放军 71352 部队、共青团安阳市委先后在我所成立了“安阳市维护军人合法权益事务处”、“安阳市青少年维权中心”等机构。我对承办的每一起法律援助案件，从不计较个人得失，均能精心地代理、辩护，最大限度地维护受援人的合法权益，为受援人撑起一片蓝天，架起一座通往公平、正义的桥梁。

上校军官黄某在浙江某部队服役期间，其弟弟被打，其家被砸，但被告人仅以毁坏公私财物被判处拘役6个月，黄某不服，依法提起上诉。我接受委托后，为黄某提供法律援助。经过查阅案卷，收集证据材料，整理代理意见，庭审中我严正指出，被告人的行为已构成寻衅滋事罪，并应赔偿受害人的一切损失。二审法院采纳了我的代理意见，改变了一审法院的定性，并增加了对被害人的赔偿数额，维护了军人军属的合法权益。宣判后，委托人黄某说：“我一生只流过两次泪，一次是在老山前线，一次就是今天。”

随着经济体制的改革和深入，社会转型期引发的社会矛盾也逐步暴露出来。为服务党的中心工作，维护社会和谐稳定，我还积极主动地介入一些涉法信访案件，用法律服务的手段让当事人息诉罢讼，引导群众依法表达合理诉求，通过正常途径维护自身权益。我先后参与了安阳市政府、安阳市中级人民法院、安阳市公安局的信访接待工作。

2002年7月，安阳市信托投资公司被依法撤销，该公司在清算过程中，涉及数以千计职工和社会群众的根本利益，各种矛盾一触即发。我受政府委托，会同该公司清算组积极介入清算工作，历尽艰辛，几经周折，终于使涉案职工和群众的问题得到基本解决，有效地稳定了群众情绪，促进了社会和谐安定。

作为一名执业20年的老律师，我同时深深地体会到，一个律师的成功，不仅仅体现在承办了多少大案、要案，开着什么名车，住着什么豪宅，穿着什么名牌，更重要的是要关注社会公益，对弱势群体施以援手。

2004年，我与几个初中同学一道，每人捐资数千元率先在家乡成立了“心灵之约”捐资助学基金，对凡是子女考上大学的困难家庭，一次性补助2000元。2008年汶川大地震发生后，我率先个人捐款2000元，又以律师事务所名义捐款1万元，全所共捐款3万余元，捐款数量在全省律师行业中名列前茅。我所在的大沧海律师事务所，还先后成立了“希望工程大沧海奖学金”和“大沧海爱心慈善基金”，资助品学兼优的学子完成学业，帮助困难家庭渡过难关，累计捐款已达到20余万元。

我所在的大沧海律师事务所是河南省最大的一家律师所，现有执业律师157名，其中高级律师、博士、硕士达40多名，在郑州、北京、上海设有三家分支机构。作为大沧海律师事务所安阳总部的执行主任，我还需要抽出相当一部分精力用于律所管理。建所以来，我坚持以身作则，率先垂范，以正确的思想引导律师，以模范行为感召律师，始终保持开拓进取、与时俱进的精神风貌，始终坚持“规模化、规范化、专业化、现代化”的发展方向，始终坚持“以人为本、以所为家、干事业、讲奉献”的文化理念，始终坚持“精益求精、尽善尽美、时时保持敬业精神、处处维护客户利益”的服务标准。这使大沧海律师事务所在基础建设、队伍建设、业务拓展和文明争创四个方面实现一年一个新台阶，年年都有新突破。

通过20年来的奋斗拼搏，我给社会提供了优质高效的法律服务，也得到了党和政府对我和我所工作的认可和人民群众的厚爱。我本人连续两届被评为“安阳市十佳律师”，2008年度被评为“安阳市十佳青年”，同年被授予“河南省青年五四奖章”，2011年被评为“河南省政法系统优秀共产党员”。1999年，我所在的大沧海律师事务所跻身全国律师行业500强，2005、2008、2011年度三次被司法部、全国律协授予“全国优秀律师事务所”荣誉称号。

20年的执业经历使我深深地认识到，做一名律师容易，做一名好律师其实很难。律师要“志于道，据于德，依于仁，游于艺”。我对这句话的理解为，律师要走正道，要人品端正，要有社会责任感，要有娴熟的执业技巧。同时，要做一名好律师，还要两手抓，两手都要硬，即一手抓业务，一手抓营销，二者不可偏废，同等重要。

人生各个阶段有不同的主题，我们在自己不同的人生阶段，都要设定不同的人生目标，目标完成即为成功，我们首先要完成我们自己的卓越目标。所谓“欲治其国者，先齐其家；欲齐其家者，先修其身；欲修其身者，先正其心；欲正其心者，先诚其意”，道理也正在此吧。

【作者简介】任卫东，男，汉族，中共党员，法律硕士，高级律师，1995 年首次执业。现任大沧海律师事务所执行主任、党支部书记、安阳市律师协会副会长、河南省律师协会理事、安阳仲裁委员会仲裁员，安阳师范学院兼职教授。主要业务领域为公司、刑事等法律事务。先后荣获“河南省优秀青年卫士”、“河南省青年五四奖章”、“河南省政法系统优秀共产党员”等荣誉。

律师眼中的卓越法律人

耿小武

法律人是一个统称，还有一个类似名字叫法律职业共同体。这是一个由法官、检察官、律师以及法学学者等组成的法律职业群体，共同的知识、共同的语言、共同的思维、共同的理想，使得这些受过法律教育的法律人构成了一个独立的共同体：一个职业共同体、一个知识共同体、一个精神共同体。他们具有一致的法律知识背景、职业训练方法、思维习惯以及职业利益，形成其特有的职业思维模式、推理方式及辨析技术。

法律人，经常被归类为精英阶层，优秀、卓越是公众对其常见的评语。那么在律师眼中，卓越法律人是什么样的呢？

一、实现财务自由，拥有说“不”的底气

一说到财富，难免会被冠以庸俗的恶名。其实，对很多

法律人来说，体面的生活，需要一定的物质做基础。很难说一个为一日三餐发愁的法律人，会拒绝诱惑，专心来追求法律理想、人生大义。简单来说，财务自由就是有足够多的时间和足够多的钱做你想做的事情。在“基本”的生活需求得到“持续”保障的前提下，有足够的精力“自由”地投入到“该”做的事情中。

“表面风光，内心彷徨，比骡子累，比蚂蚁忙”，这个悲催法律人自嘲的群体形象令多少人心有戚戚，惊叫中枪。一个卓越的法律人首先能够用专业、专长赢得足够的财富，有能力构建得体的社会形象，西装革履，风度翩翩，不管是法庭上的侃侃而谈，还是面对土豪时的神定气闲，不管是在自家花园里侍弄花草，还是在高尔夫球场上潇洒挥杆，都保持做与不做的自由，保持说“不”的底气。

金诺律师事务所首席合伙人李海波律师有句名言：“我们收费高，因为我们打领带。”因为我们体面，从而可以挣更多的钱。这就是职业尊严。

不管是体制内的高薪养廉，还是体制外的不菲创收，都会让法律人赢得该有的尊严，不用仰人鼻息，不用委屈自己，不用“7×24”不敢关手机，不用随时被客户的电话叫走。因此财富自由还是人身自由、心灵自由的前提。

二、履行职责，勇于承担社会责任

法律人虽然披着不同的战袍，站在不同的战壕，但面临着共同的行业责任——推动法治进步，卓越的法律人也以不同方式尽着行业责任。

英年早逝，以身殉职的法官邹碧华是卓越法官的代表，他积极致力于打造法律职业共同体，建立良性互动平台与机制，“希望让律师的职业越来越好”。2010 年，邹碧华任上海市长宁区法院院长时，长宁法院出台了《法官尊重律师十条意见》，当时引发了律师界的震动。他在接受媒体采访时称，推出《法官尊重律师十条意见》就是希望推动法律职业共同体有更加良性的互动关系。在 2014 年 11 月 23 日召开的全国律师协会民事专业委员会和知识产权委员会双年会上，邹碧华发表“司法改革背景下，如何构建法律共同体”的主题演讲。他提出，法官与律师的相互尊重是良性互动关系的一个起点，律师对法官的尊重程度代表着法治的发达程度，而法官对律师的尊重程度，则代表着社会的公正程度。这可能是邹碧华生前为建构“法律职业共同体”最后一次发声。

国浩律师集团执行合伙人，中国律师界著名思想家李淳律师是律师界的卓越代表。他一直追求法律真相和法律正义，认为一切法律活动的终极目的和所有法律活动都要有统一的规则，遵循相同的逻辑。法律活动实际就是不同法律思维的博弈过程，通过博弈最终达到统一，实现法律正义。他说的“律师兴则法治兴”成为行业的标志性语言。2014 年李淳律师在新浪微博上发表了“诸多迹象表明，未来三至五年，中国律师业将会有一次大的洗牌”。时间过去才一年多，诸多预言就已变成现实，成为行业发展风向标。

对行业有高屋建瓴的认识，能见微知著，清醒判断行业发展趋势，积极传播正能量，为行业鼓与呼，以己之力推动行业发展，卓越法律人日渐成为值得称道的行业领袖。

上海律师游闽键是积极履行社会责任的优秀律师代表，作为上海市政协委员，他结合自己的知识产权专业提了很多提案，如有关个人信息安全、有关大数据法律保护的提案；他开通了国内首条“创意产业知识产权免费咨询热线”，也是与自己的专业相结合；上海建设具有全球影响力的科技创新中心，他一直在努力宣传“知识产权那点儿事”。将自己的法律专业与关注民生相结合、与推进经济发展及城市建设相联系，更是游闽键律师履行社会责任的特点与特色。

在2010年上海静安“11·15”大火和2015年天津“8·12”特别重大火灾爆炸事故善后处理工作中，法律人纷纷发声，法官支着儿如何起诉，律师组织专门队伍、提供专业服务，为党和政府排忧，帮人民群众解难。这些，都是专业律师的专业奉献，体现了以专业与专长履行自己的社会责任。

“达则兼济天下”，不浮夸不作秀，把履行社会责任和自己的专业追求结合起来，以公益行动的形式承载对社会的热忱，仗义执言，扶危济困。金诺律师事务所首席合伙人李海波热衷公益，不仅在南开大学等院校设立金诺奖学金，还发起救助先天心脏病儿童的公益活动。冷静地观察世界，热忱地改变世界，越来越多的卓越法律人走在自觉履行行业责任、社会责任的路上。

三、参与立法，影响更多的人

江湖不嫌其远，庙堂不嫌其高。卓越的法律人，已不仅仅满足于法律的运用，而积极寻求把深刻的法律认知，把自己对法律的期待贯彻其中，转化为法律条文，从更高层面、在更广泛领域影响更多的人。除了常见的法学学者参与立法，最高人民法院出台各种司法解释，律师也开始献言献策，在立法领域发出专业的声音。

国浩律师事务所成都办公室施杰律师，在办理一件因醉驾引发的民事赔偿案件中，以高度的社会责任感和敏锐的专业眼光，提出了“醉驾入刑”的建议，并通过担任全国政协委员提交提案，几经努力，终获法定，他因此自然当选当年的“中国法治人物”。一个案件，一个提案，一个立法，一个人物，这正是施杰律师的立法参与轨迹。

致力于能源与环保法律服务的陈臻律师，受国家电力监管委员会委托，主持起草《电力并网互联争议处理办法》、《可再生能源发电上网和电量收购监管办法》等十多部监管规章，为能源和环保领域做出了独特的贡献。

刘桂明主编曾说，律师在参与立法方面，要通过“个案”、“要案”发现立法中的问题，在此基础上形成“教案”，传道授业解惑，要形成“文案”著书立说，最后通过“提案”参政议政、建言献策。向参与各种形式立法的卓越法律人致敬！

四、感悟成长，期待更多卓越

一晃从母校毕业已经 15 个年头了，每每提起母校，我都有一份感动在心头。

记得 2000 年毕业前夕，我面临两个选择：一个是回到老家教书，可实在心有不甘；一个是南下郑州，考研，圆当年未了的梦想。在高中好友崔玉彬的指导下，我借了同学蒋嘉俭 1300 元，重新回到大学校园——郑州大学，重踏求学之旅。

要当律师，必须先过律师资格考试（后改为司法考试）这关，这是律师的入门关。备考期间，我每天 6 点起床，10 点半休息，奋斗了三个年头，承蒙老天眷顾，通过了律师资格考试。后又开始备战研究生考试，到 2001 年的时候，我没有钱了，家里也没有钱，没有办法，我到律所实习，实习了一个月，天天没有事干，我觉得浪费生命，又重新回到学校。到学校两个月，咬咬牙，不再增加家里负担，又重新去找律所实习。

2002 年 7 月，在辗转了 3 家律师所后，我来到了国银律师事务所，当时也是没有收入，没有案源，我下定决心，不管怎么苦再也不离开了。在张燕民、刘杰中、王枚老律师的帮助下，我一点一点地积累经验，每天早早地去，晚晚地走，主动找老律师，把老律师交代的事情认认真真地办好。那时电脑不会用，张燕民主任交代我打一份文件，下班了，我不走，让樊东辉律师教我打字，直到把字全部打完，排好版，第二天交给指导老师。

在工作中，我一直秉承付出不亚于任何人的努力的原则，不断寻找属于自己的发展道路。

2006 年，到所才 4 年的我以票数第一当选国银律师事务所管理委员会主任，2009 年成为国银律师事务所的合伙人，2012 年成为国银律师事务所主任。总结在律师行业十几年的发展，我有几点体会：

第一，勤奋。稻盛和夫说：每日精进，付出不亚于任何人的努力。这十几年，我几乎没有睡过懒觉，早上五点多起床，锻炼身体，风雨无阻。不出差就去办公室，要么看书，要么研究案件，没有因为律师是自由职业而放纵自己。

第二，学习。学历代表过去，学习力代表未来，持续不断的学习才可以让自己走得更远。我周末参加各种课程充实自己，买各种书籍补充自己的能量，特别是 2012 年当主任以后，我在全国各地与同行交流，他山之石，可以攻玉，采众家之所长，拿来为自己所用。

第三，专业。专业是律师的立身之本，我告别传统万金油模式，走一条属于自己的、属于国银特色的专业的道路。我从一开始什么都接，什么都干，到后来专注企业法律顾问，现在聚焦企业股权专项法律业务，并开始踏出一条属于自己的路。

从 1 到 N 容易，复制而已。从 0 到 1 却很难，是真正的突破，创新。传统法律服务市场同质化严重，综合性律所，万金油律师，3 万律所，28 万律师在一片红海中厮杀，哀鸿遍野。

怎么办？

定位，聚焦，细化品类，唯有专业让你走得更远，走得更高。于是在众多的法律服务品类中，我选择了股权。

高强度学习，密集培训，一场又一场的演讲，从台下听到台上讲，从不懂到懂，我率领我的团队，开启了一条荆棘遍地、充满挑战又无限广阔的路。

万事开头难，忐忑不安，第一单，第二单，第三单……专业度决定高度，我的小伙伴在磨炼中越来越熟练。做河南首家专业股权律所，做国内最好的股权律师，是我们的梦想。

回头看，是自己对律师的理解、梦想在支撑着我，一路走下去，我始终坚信：一生做好一件事，要有匠人的精神，把业务做到极致，专业做好了，该有的自然会有。这也和我们国银的愿景是一致的：引领律界、创造价值、实现自我、辉煌人生。国银的价值观是：专业，诚信，公平，共赢。

我眼中的卓越，不仅仅是事业上的成功，还有内心的丰盈、生活的美满。爱运动，十几年如一日坚持晨练、爱公益，为自闭症孩子送上温暖、爱人才，亲自登台为青年律师传授执业经验……君子情怀，勇者气魄，法律人的古道热肠，郑州市十佳律师，优秀律所主任，走向卓越路上，我愈行愈远，乐此不疲。

《论语》中说：“士不可以不弘毅，任重而道远。仁以为己任，不亦重乎？死而后已，不亦远乎？”

卓越的法律人，不抱怨，不推脱，不投机，不骑墙，有信仰，有担当，有勇气来改变可以改变的事情，有胸怀来接受不可改变的事情，有智慧来分辨两者的不同。卓越，走起！

【作者简介】耿小武，律师，河南国银律师事务所主任，中共党员，2013年6月获得人力资源和社会保障部专业技术人员管理司和司法部政治部联合颁发的“国家专业技术人才知识更新工程”培训证书；河南省法学会律师学研究会常务理事；郑州市律师协会律所管理工作委员会主任；郑州市律师教育培训委员会副主任。

我国卓越法律人才培养模式探析

——以日本临床法学教育为借鉴

赵向华

一、卓越法律人才培养计划的提出及本文的视角

自20世纪70年代末恢复法学本科招生以来，经过30多年的探索、改革和建设，我国的法学教育已经在办学规模、办学层次、办学形式等方面取得了令人可喜的成绩。[1]然而，法学教育蓬勃发展的表象并不足以抵消人们对法学教育质量不佳的忧虑。接受过专门法学教育的学生在面对现实的法律问题时茫然无措，已然烂熟于心的法律条文难以为其解决问题勾画出清晰的路径；即便接受过法学研究生教育的毕业生，要形成独自处理法律事务的能力也往往需要在实务部

〔1〕 莫洪宪："论卓越法律人才的应有素质及其培养路径"，载《河南财经政法大学学报》2014年第6期。

门经历几年的反复锤炼。[1]学生法律实务能力低下俨然已成为法学教育者、法律学子和法律实务部门心中共同的痛。

回顾新中国法学教育的历史不难发现，当前法学教育的这一尴尬境遇有其深层次的社会政策原因。我国曾在很长一段时期内实行法学教育和法律职业相分离的政策。在这一政策下，法学教育并不以培养未来的法律职业人才为目标，因而无须关注学生法律实务能力的训练，由此导致法学教育沦为“一系列理论教条”。[2]政策效果在法学教育领域的长期积累使得“重理论、轻实践”的传统得以形成并日益根深蒂固。在其后的法学教育实践中，教育者“局限于知识传授和使学生取得良好的成绩”，忽视了“培养和训练学生掌握从事实际工作的技能”，导致了学生“强于具体的专业知识，弱于现实社会环境中有效运用和发挥专长的能力”的后果。[3]

学生法律实务能力低下造成了法学人才培养规格与社会实际需求的严重脱节。从根本上讲，这一问题的有效解决离不开对法学教育“重理论、轻实践”这一传统的拨乱反正。换句话说，法学教育领域的宏观政策引导已经成为迫切的现实需要。在此背景下，2011 年 12 月，教育部和中央政法委

〔1〕 张卫平：“法学教育：反思与改革”，载《民事程序法研究》2011 年第 1 期。

〔2〕 申卫星：“时代发展呼唤‘临床法学’——兼谈中国法学教育的三大转变”，载《比较法研究》2008 年第 3 期。

〔3〕 莫洪宪：“临床法学教育与法学人才培养——平等式对话教学方式的魅力”，载《法学评论》（双月刊）2002 年第 1 期。

员会联合发布了《关于实施卓越法律人才教育培养计划的若干意见》，提出着力培养一批“信念执著、品德优良、知识丰富、本领过硬”的卓越法律人才的目标。《关于实施卓越法律人才教育培养计划的若干意见》将“本领过硬”作为卓越法律人才的必备素质之一，实际上是以政策目标的形式强调了培养学生法律实务能力的重要性，这既是对“重理论、轻实践”这一法学教育传统的根本否定，同时也向法学教育者提出了一个颇具挑战性的课题，即如何摆脱传统法学教育的理念束缚和实践惯性，尽快构建起有助于学生切实习得法律实务能力的人才培养模式。

从方法论的角度来看，借鉴国外成功经验的做法因可避免自我摸索过程中的反复试错环节而更加符合成本效益原则，因此不失为一种有益的尝试。但为此必须首先确定一个可供借鉴的对象。从战后直到 2004 年的几十年时间里，培养法学研究人才一直是日本法学教育的主要目标，大学法学院是名副其实的法学研究者的摇篮而远非法律实务工作者的孵化地。一元化的人才培养目标决定了教学内容和教学方法向培养法学家的方向过度倾斜，因而使学生法律实务能力的训练沦为空谈。这一状况直到 2004 年以培养法律职业人才为目标的临床法学教育的开展才得以逐渐改变。由此可见，中日两国在很长一段时期内不谋而合地固守了相似的法学教育传统。这也意味着，相较于其他国家而言，日本针对传统法学教育的改革对中国具有更强的借鉴意义。有鉴于此，本文以日本临床法学教育的探索与实践为考察素材，总结日本临床法学教育在模式构建和具体运作中形成的经验，在此基础上揭示其经验对我国培养“本领过硬”的卓越法律人才所具有的借鉴意义。

二、日本临床法学教育的探索与实践

在日本法学教育界，临床法学教育一般被理解为基于经验主义的，以亲身体验法律实务为方法的法学教育模式。临床法学教育借鉴了医学院临床教学的经验，主要目的在于通过实践锻炼的方式培养具有一定职业技能的法律职业人才。经过若干年的实践，日本的临床法学教育已经成为一种在形式、内容、方法上独具特色的法学教育模式。

（一）日本临床法学教育的发端

临床法学教育是以2004年日本各大学开设法科大学院为契机而被引入法学教育领域的，因此可以说，法科大学院的开设为临床法学教育的引入奠定了制度基础。

法科大学院制度始于2004年4月，其目的是在大学的自由学术环境中培养法律职业人才，从而革除以司法研修方式培养法律职业人才这一传统模式所具有的种种弊端。长期以来，日本高校的法学教育承担的是培养理论研究人才的较为单一的职能，受教育者法律实务能力的塑造并非大学法学教育所追求的目标。实践中，未来的法律职业人员主要是通过在司法考试合格后参加由最高法院组织的司法研修这一方式来锻炼其法律实务能力的。这种人才培养模式毫无科学依据地将从事法律职业所必需的理论知识的习得与实践能力的锻炼机械地加以割裂。在以培养“学究”为目标的传统教学模式下，学生缺少有关法律实务能力的训练和积累，而在为期一年半到两年的司法研修期内，参加者又无法确保能够习得处理复杂而又高度专业化的法律事务所必需的实际操作能力，由此引发了日本社会对法律职业人员队伍专业素质的质疑和对其维护司法公正能力的担忧。有鉴于此，司法制度改革审议会于2001年提出：应建立将法学教育、司法考试和司法研修三者有机结合的法律职业人才培养制度，其核心是设立“通过特殊的教育方法培养法律职业人才的”法科大学院。司法制度改革审议会强调：法科大学院应以法学理论教育为中心，同时引入法律实务教育，从而架起理论教育与实务教育之间的桥梁。〔1〕

在这样的背景下，日本的法科大学院制度于2004年4月正式启动。各大学纷纷根据自身情况设立了法科大学院，从而使作为学术研究之圣地的大学开始承担起培养法律职业人才的社会职能。这一职能的转变要求对传统的法学教育模式进行反思，并解决如下至关重要的问题，即通过何种教学方法使受教育者掌握扎实的职业技能并形成良好的职业道德。

临床法学教育很好地契合了法科大学院培养法律职业人才的设置目的。首先，临床法学教育不仅可通过多种形式使

〔1〕 日本司法制度改革审议会：“意见书——支撑21世纪日本的司法制度”，载 http://www.kantei.go.jp/jp/sihouseido/report/ikensyo/pdfs/bassui.pdf，2015年10月15日访问。

学生获得法律实务能力的锻炼，而且由于在临床法学教育模式下学生有更多机会接触真实案件，使得教学活动具有极强的临场感和实战性。其次，通过与案件当事人的近距离接触，学生更易于体察寻求法律救济者所处的境遇，因此，与传统法学教育的理论说教相比也就更加容易理解法律保护弱者、维护公平正义的社会职能。正因为如此，各大学纷纷以设立法科大学院为契机开展临床法学教育，从而使临床法学教育成为培养法律职业人才的一种十分重要的教学模式。

（二）日本临床法学教育的主要形式

成立于2008年4月的临床法学教育学会是目前日本国内研究临床法学教育的最权威机构。临床法学教育学会在其创设文件中指出，临床法学教育的形式主要有三种，即法律诊所、模拟课程、校外实习。[1]从实践来看，各法科大学院也基本是按照以上三种形式来组织实施临床法学教育的。

1. 法律诊所。临床法学教育学会将法律诊所解释为：学生在具有法律职业资格的教师的指导监督下向真实案件中的委托人提供法律服务。2009年公布的一份由早稻田大学临床法学教育研究所实施的调查结果显示：全国74个法科大学院中有39个开设了法律诊所，占被调查对象的52.7%。[2]目前，作为临床法学教育的一种重要形式，法

---

〔1〕 日本临床法学教育学会："临床法学教育学会设立的目的"，载http://lawschool.jp/cl/，2015年10月15日访问。

〔2〕 日本早稻田大学临床法学教育研究所："临床法学全国诊所调查报告"，载《临床法学论坛》2009年第6期。

律诊所已被越来越多的法科大学院所采用。

法律诊所并非严格意义上的法律概念，因此，对于其含义尚存在各种不同的解释。即便如此，对于在法律诊所教育中存在两个基本的限制这一问题，日本法学教育界的看法是大体一致的。其一是对委托人的限制，即只有那些因经济贫困而无法支付律师费用的人才有资格委托法律诊所为其代理案件，这体现了法律诊所的社会责任。其二是对案件性质的限制。虽然法律诊所追求通过处理真实案件的方式来培养学生法律实务能力的目的，但其毕竟是大学法学教育中的一门课程，这一定位决定了法律诊所不能受理那些与教育、研究之目的和人才培养目标不相符的案件。

法律诊所最突出的特点在于通过对真实案件的处理来培养学生的法律实务能力。例如，在早稻田大学法务研究科开设的法律诊所课程中，学生直接与委托人会谈，接受咨询，制作会谈笔录。在受理案件后，学生查阅并研究相关法律与判例，展开事实调查，进行现场取证并制作诉状等法律文书。在关西大学，参加法律诊所课程的学生在委托人事先同意的前提下接受法律咨询并向其提供法律意见。指导教师原则上不主动干预法律咨询过程，而是在旁对学生的回答是否适当进行判断，学生在教师的指导下就咨询内容和法律意见形成书面报告。除此之外，学生还尽可能地从事其他法律实务工作，如参与起草制作诉状、各种申请书、证明书及合同等法律文书。

以真实的案件为素材，通过实战的方式培养学生的法律实务能力，这些特点使得法律诊所具有其他教学方式无法比拟的优势。但同时，由于对案件委托人和案件性质的限制，导致可供教学之用的案件数量有限。这一客观情况决定了法律诊所往往仅能作为选修课程加以开设，并依学生报名的先后顺序或一定的遴选程序来确定最终的参加人选。其结果是，并非所有学生都能获得在法律诊所进行锻炼的机会。比如 2012 年，早稻田大学法务研究科 800 名左右的学生中仅有 136 名实际参加了法律诊所课程。针对法律诊所的这种先天性缺陷，各法科大学院往往通过开设模拟课程和开展校外实习的方式加以弥补。

2. 模拟课程。与法律诊所课程直接由学生处理实际案件不同的是，模拟课程多将已经成型的案例加工成符合教学目的的素材，参加课程的学生以承担一定角色的方式来锻炼实践能力。

例如，早稻田大学法务研究科开设了民事模拟裁判和刑事模拟裁判两种模拟课程。前者由法官和律师，后者由法官、检察官、律师和法学理论研究者共同担任指导教师。模拟裁判以加工过的案件记录为基础，学生分别扮演诉讼代理人、法官、检察官、律师等角色，按照实际的诉讼程序询问证人、认定事实、制作判决书等。国学院大学法科大学院在民事模拟裁判和刑事模拟裁判之外，还开设了法律咨询模拟课程，每门课程的参加人数在 25 名左右，由 3 到 4 名律师担任指导教师。课程素材主要是在对该法科大学院设立的涩谷公共法律事务所所受理案件进行加工的基础上形成的。学生通过扮演法官、原告代理人、被告代理人、检察官、律师等角色来体验审判的过程。视教学需要，有时还会对整个模拟过程拍摄录像，由参加该课程的所有学生对模拟的过程进行讨论。

近年来，一些法科大学院在实施模拟教学的过程中，不断探索新的教学方法，做出了许多有益的尝试。例如，以名古屋大学为中心展开的 PSIM 项目研究将学生为习得面谈、询问、交涉等法律实务能力而进行的模拟活动场面加以拍摄并制成数据库，以尝试开发可在互联网上供各法科大学院利用的教材。这一尝试不仅可在各法科大学院间开通有关模拟课程经验交流的渠道，促进模拟课程教学方法的改进和教学成果的提高，而且对于节约成本、实现资源共享也是十分有益的。再如，关西学院大学的“模拟法律事务所项目”邀请一般市民扮演委托人参加法科大学院开设的模拟课程，而且将参加课程的学生分为相互对立的两个模拟法律事务所，由其通过竞争为模拟委托人提供法律服务。这一模拟课程的特点在于，一般市民的参加使得模拟课程对于学生而言更加具有真实感和临场感，而且相互对立的模拟法律事务在动态的、充满紧张感的环境中展开竞争，也使其相较于传统的模拟课程具有更强的实战氛围。

3. 校外实习。校外实习是将学生派遣到组织、机关、实体等实习单位，在实习单位法律职业人员的指导下接触、处理法律事务的一种临床法学教育形式。在日本，校外实习相较于诊所法律教育的普及程度更高。法科大学院协会研究小组于2007年公布的调查结果显示，47个受访的法科大学院中就有41个正在实施校外实习。

一般来讲，校外实习的实施应当以学生习得一定的理论知识为前提。为此，实践中各法科大学院的校外实习一般安排在最后一学年进行。例如，名古屋大学法科大学院的校外实习安排在最后一学年开学之前的假期间进行。对于3年制课程的学生来说，应在第2学年的下半学期进行校外实习登记，经过至少4个星期的实习前培训后，在实习单位进行不低于60个小时的实习。再如，京都大学法科大学院（3年制）将校外实习分别安排在第2学年下半学期期末考试结束后和第3学年上半学期期末考试结束后进行，前者的实习人数为70人，后者为30人，实习时间均为80个小时。此外，学生被派往的实习单位除法院、检察院和律师事务所外，还包括企业的法务部门、地方自治体、人权保护团体等。例如，2012年，早稻田大学法务研究科共将140名学生派往全国120个实习单位，其中包括94个律师事务所，新日本制铁、东芝、三井物产、三菱商事等9家知名企业的法务部，财务省、经济产业省、厚生劳动省、法务省等8个政府部门，以及经济团体联合会、日本律师协会等9个非政府组织和非营利性组织。

相较于诊所法律教育而言，校外实习具有以下特点：一方面，实习单位性质的多样性使学生习得自身感兴趣的领域内的法律技能成为可能，这不仅利于学生的成长，而且有助于法科大学院向社会各界输送法律人才；另一方面，如神奈川大学法科大学院的实践所证明的那样，因为有相对较为丰富的校外实习资源，所以可打破对参加人数的限制，使得有意向的学生均可如愿以偿地参加实习。〔1〕

在校外实习环节一直备受关注的问题是如何确保实习的质量和效果。名古屋大学法科大学院的实践代表了目前较为普遍的做法，即在实习开始之前先进行一段时间的有关实习理论和技能的培训，实习结束后则主要依据学生提交的有关实习时间、实习内容和心得体会的报告及实习单位指导教师的评语对实习效果做出评价。实习前的必要培训有助于实习活动的顺利开展，因此，其对提高实习质量所起的促进作用是毋庸讳言的。相对而言，实习成绩和效果评价制度能否客观地反映学生参与实习的真正水平则值得怀疑。这是因为在法科大学院不可能做到对自己派出的学生实施全天候监督管理的情况下，实习效果的认定完全依赖于学生的自我评价和实习单位指导教师的评语。一方面，从经验论的角度看，不能完全排除作为实习参加者的学生在自我评价中夸大其词的可能性；另一方面，实习单位指导教师的评语流于形式也早已成为业界共知的现象。因此，从根本上讲，只有建立一种行之有效的监督评价机制，才能使校外实习的效果得到保障。

在上述机制的建立方面，龙谷大学的实践很具有借鉴意

〔1〕［日］森田明：“神奈川大学法科大学院临床法学教育概要”，载《神奈川法学杂志》2008 年第 1 期。

义。龙谷大学法科大学院（3 年制）在第 2 学年和第 3 学年之间的春季假期（大约从 2 月中旬开始到 4 月上旬）期间安排校外实习。在第 2 学年下半学期和第 3 学年上半学期分别开设 2 学分的“法务研修”课程，前者传授学生实习必需的职业伦理和法律知识，后者则由法科大学院指导教师、学生和实习单位指导教师参加，以“实习成果报告会”的形式对实习成果和成绩进行检查、评价。这一实践的意义在于，实习结束后预定举行的“实习成果报告会”给正在参与实习的学生和实习单位指导教师施加了外部压力，促使其以认真、负责的态度对待实习，从而有助于提高实习的质量和效果。

三、日本临床法学教育对我国卓越法律人才培养的启示

如何使法科学生于在校学习期间习得扎实的法律实务能力？对此，日本临床法学教育的相关实践可谓是一个有益的探索。日本临床法学教育以其多样化的形式、高质量的效果使学生习得法律实务能力变得不再遥不可及，其探索与实践中的成败得失为我国培养“本领过硬”的卓越法律人才提供了宝贵的经验。

（一）采用多元化的实践教学形式

日本临床法学教育的实践表明，在培养学生的法律实务能力方面，诊所法律教育、模拟课程和校外实习可以同时并举，而且在实际运作中也是可以互为补充、形成良性互动的。

诊所法律教育以真实的案件为素材，将学生推向解决现

实法律问题的最前线，其真刀真枪的实战演练无疑对培养学生的法律技能发挥了不可替代的作用。模拟课程的开设和校外实习的开展为更多学生在更广阔的领域内习得法律技能提供了机会，这不仅排除了因诊所法律教育规模所限而产生的对教育不公的担忧，而且也使得人才培养规格的多样化成为可能。实践中，三种教学形式朝向共同的价值目标形成一股合力，使得日本临床法学教育焕发出勃勃生机。

日本临床法学教育的上述经验促使我们对当前中国法学实践教学过度依赖诊所法律教育的弊端进行理性反思。

20 世纪 90 年代中后期开始，鉴于我国法学教育存在的“重理论、轻实践”的弊端，法学教育界展开了对国外法学教育的研究，并认识到法学教育必须包括探求新知、应用所学、解决问题等能力的培养，特别是应着力培养学生敢于面对挑战、善于解决困难、能够应对日常生活并富于合作等方面的能力。美国高校法学院的诊所法律教育正是在这一认识和理论发酵的推动下被引入了中国的法学教育实践。2000 年 9 月，在美国福特基金会的支持下，我国在北京大学、清华大学、中国人民大学等 7 所高校开设了诊所法律教育选修课，开启了诊所法律教育在中国的本土化尝试。截止到 2014 年 8 月末，全国已有 179 所高校成为中国法学教育研究会诊所法律教育专业委员会的单位会员。由此可见，诊所法律教育在中国大地上已经遍地生花。

从积极的角度评价，诊所法律教育把理论学习与亲历性的法律实践密切结合在一起，在培养学生的社会责任和职业技能，帮助贫困阶层获得法律帮助，维护社会公平正义等方面发挥着十分重要的作用。[1]但是，结合相关实践来看，目前发展中的诊所法律教育也面临严重问题。

首先，运营资金短缺导致部分法律诊所形同虚设。法律诊所的建设和运营要求有持续不断的资金投入，其中包括诊所的建设费用、学生办案的必要经费以及指导教师的报酬等。因此，是否拥有诊所法律教育可持续发展所必需的经济实力应是任何一位理性的决策者必须予以认真思考的问题。然而遗憾的是，盲目跟风也好，虚荣心作祟也罢，总之为数不少的未经过充分论证便仓促建立起来的法律诊所最终难逃遭遇资金瓶颈的命运。实际上，在我国法律诊所教育一派欣欣向荣的表象下，隐藏着不少诊所运营经费难以为继的尴尬和无奈，对其而言，诊所法律教育俨然已成为“食之无味，弃之可惜”的鸡肋。

其次，诊所法律教育存在功能性缺陷。从当前的实践来看，作为一种职业教育模式，诊所法律教育过分侧重于对律师职业能力的培养，“训练学生像律师一样思考，像律师一样工作”。[2]诊所法律教育将目光仅仅投放到律师职业领域，导致了其功能单一的局限。

从教育科学的角度来讲，学生多种法律实务能力的习得

〔1〕 王竹青：“美国诊所式法律教育的演进”，载《比较法研究》2012年第2期。

〔2〕 杨秀英、李晓君：“试论诊所法律教育的特色”，载《黑龙江高教研究》2011年第4期。

有赖于其在不同环境与场景下围绕相关主题展开反复的实践。而诊所法律教育毕竟只能在有限的时间内（实践中多为一个学期）为数量有限的学生（有机会选修的学生）提供在有限的环境与场景下（多为各种形式的诊所，如民事诊所、刑事诊所等）习得有限的法律实务能力（律师职业能力）的机会，因此仅凭诊所法律教育本身，不可能完全回应向社会各界输送卓越法律人才的宏大命题。

对诊所法律教育功能的非理性解读不仅不利于诊所法律教育自身的发展，而且容易诱导法学教育背离培养“本领过硬”的卓越法律人才的政策目标。诊所法律教育固有的缺陷和运营中的问题提醒我们，改变当前国内诊所法律教育一家独大的不合理现状已经势在必行。具体而言，各法学院应破除对诊所法律教育的过度迷信和盲目崇拜，以充分论证为前提，从法律诊所、模拟课程和校外实习中选择符合自身情况和能力的实践教学形式。在此基础上，针对所采用的实践教学形式，围绕其开设时间、教学内容、教学方法、教材开发和成绩评定等进行科学规划和合理安排，以使各种教学形式能够相互协调、互为补充，从而取长补短，相得益彰。

（二）尝试开设内容丰富的模拟课程

从外延来看，模拟课程的外延无疑远大于模拟法庭（模拟审判）的外延，二者应属包含与被包含的关系。模拟课程的内容有更加丰富的表现形式，除了模拟法庭（模拟审判）之外，模拟律师事务所、模拟法律咨询等几乎一切与法律实务有关的内容都可纳入模拟课程的范畴。国学院大学的法律咨询模拟课程、关西学院大学的模拟法律事务所课程证明了模拟课程内容的包容性。这也决定了内容丰富的模拟课程在培养学生法律实务能力方面具有模拟法庭（模拟审判）这一单一形式无可比拟的优越性：前者可通过名称各异、内容丰富的课程为更多学生提供习得不同领域法律技能的机会，在追求能力塑造这一教学目标的同时最大可能地兼顾教育公平；后者则往往只把精力倾注于法庭审判环节，致使与庭前程序有关的、甚或其他领域的法律技能因指导教师的鞭长莫及而无法得到锻炼。比较之下，优劣立显，为实现培养具有“过硬本领”的卓越法律人才的目标，各法学院结合自身特点开设内容丰富的模拟课程不失为一个有益的尝试。

模拟课程培养学生法律实务能力的理论预期能否切实转化为实际效果，这很大程度上取决于在模拟课程的操作过程中学生能否抛弃自己的模拟身份，使自己彻头彻尾地转变为模拟情境的“剧中人”。换句话说，对于模拟课程的效果实现而言，临场感和实战氛围的营造至关重要。这一论断加重了模拟课程能否在我国当前高校法学教育背景下实现其预期效果的担忧。一份对湖北、河南等地 7 所高校 600 名参加过模拟法庭的本科生进行的问卷调查结果显示，近 4 成的学生认为模拟法庭教学效果一般或者不合格，认为效果好的仅占 11.2%。〔1〕对模拟法庭教学效果产生不利影响的因素诸多，

〔1〕 陈学权：“模拟法庭实验教学方法新探”，载《中国大学教学》2012 年第 8 期。

除了教师指导能力、教学硬件设施等客观因素外，主观上，学生因对模拟法庭缺乏严肃性认识，从而导致准备不足，模拟过程表演性过强也是一个不可忽视的因素。[1]由此可见，“如何使模拟法庭或模拟课程去表演化”是一个需要认真思考的问题。对此，关西学院大学法科大学院邀请普通市民参与模拟课程的实践很值得借鉴。

（三）校外实习的领域扩展和评价机制构建

首先，开拓多元化的校外实习领域是必要的。相对于我国各大法学院校外实习必去“公、检、法、律”的传统思维和机械做法，在日本的临床法学教育中，校外实习这种教学形式在实习单位选择上表现出较大的灵活性和社会适应性。早稻田大学法务研究科的实践表明，除传统认识中的实习单位之外，还可通过向企业、社区、民间组织和团体等派遣实习生来确保实习单位的多样性。多元化校外实习领域的拓展无疑可为学生提供更多机会以帮助其习得不同领域的法律技能。

其次，应建立能够确保校外实习质量和效果的评价机制。龙谷大学专门开设的“实习成果报告会”课程为原本因工作环境不同而被割裂的学校指导教师、实习学生、实习单位指导教师提供了一个相互监督和制约的平台。在这个平台上，任何一方的工作内容和工作成果都需要进行公开展

---

〔1〕 孟丽君、于巍巍：“完善模拟法庭教学法的思考”，载《教育与职业》2012年第30期。

示，并接受其他相关各方的检查和评价，由此可能产生的名誉上的、经济上的不利益有助于催生相关各方积极参与的动力。鉴于目前国内数量众多的法学院在校外实习效果评价方面采取“只要在实习证明上出现实习单位的印章即可”的做法，并由此导致校外实习“在现实中多呈现流于形式之势”，[1]为了切实使校外实习发挥其培养学生法律实务能力的预期功效，积极借鉴龙谷大学的经验，尽快构建一种能够同时对学校指导教师、实习学生、实习单位指导教师三者形成有效监督和制约的评价机制显得尤为必要。

---

〔1〕 梅锦：“诊所法律教育模式在法学专业教学实习中的应用——以重庆大学法学院为例”，载《中国大学教育》2011年第11期。

后 记

从事法学院的管理工作，责无旁贷地要思考人才培养问题。在获批河南省复合型、应用型卓越法律教育人才教育培养基地之后，安阳师范学院法学院对这一问题的思考更加急迫，也日渐成熟。

在反复论证的基础上，安阳师范学院法学院提出了“六库并非全书，五台只是炼技，四论开阔眼界，三习感受实务，二师有机融合，一生比较优势”的总体办学思路。“六库并非全书”是指要围绕学生学习和就业来建设六类资料库，分别是：专业书目库、影像资料库、典型案例库、司考资料库、研考资料库、公考资料库。“五台只是练技”是为学生搭建的五个练习专业技能的平台：课前五分钟演讲、法律辩论赛、模拟法庭、法律诊所、法律援助。“四论开阔眼界”体现了法学院开放办学的追求，定期举办法学家论坛、法官论坛、检察官论坛、律师论坛。“三习感受实务”是指在实践教学中所采取的三种方式，低年级的专业见习和高年级的专业实习、顶岗实习。“二师有机融合”是指要打造一支专职教师与兼职教师、理论教师与实务教师相结合的教师队伍，以实现法学院与法律实务部门的真正对接。“一生比较优势”是指我们所培养的学生与其他法学院学生相比要具备的优势，即熟悉基层（县和市区）法律实务、具备专业证据分析能力、社会主义法治理念执着的高素质法律人才。本书是这一总体思路的部分成果。

本书也可以说是法学院集体攻关的结晶，在相互讨论的过程中，许多思路逐步清晰，写作也得到了很多老师的帮助，包括赵向华、牛德、王振生、冯凡英、宋汉林、张国强、谷景志、张蕊、胡伟、梁燕婷、曲沛、马雪、王丽、蔡忠猛等。感谢“洹上法学读书促进会”的闫英杰、狄超然、李广源、刘爱等同学，你们对读书活动的参与使本书具有特别的意义。

感谢安阳县检察院的韩火青检察长、大沧海律师事务所的任卫东主任、国银律师事务所的耿小武主任，他们不吝赐稿，在繁忙的工作中将自己的所思所悟诉诸笔端，洋洋洒洒的文字中寄托着对后生学子的殷切期望，充分彰显了卓越法律人对法律职业、法学教育的深情厚谊。

感谢中国政法大学出版社的刘知函老师。虽然这是他编辑的我的第二本书，但直至今日，我们没有谋过面，只是通过电话、邮件交换看法，沟通思想。刘老师的敬业、坦诚、睿智给我留下了深刻印象。这本书的出版饱含着刘老师的心血，在此致以诚挚的谢意。

感谢我的导师常林教授，是他把我领进了学术之门。读书、写作、思考、办事等为学、为人的诸多方面，常老师总是言传身教，是我取之不竭、用之不尽的宝贵财富。

感谢中国政法大学法学教育与研究评估中心的刘坤轮兄。他在法学教育研究方面积累深厚，见解深刻，成果丰硕，连续获得第三届、第四届中国法学教育研究成果奖一等奖。他欣然作序，使我倍感鼓舞。他的序是本书的亮点，是对卓越法律人才培养计划的深邃思考。

最后，也是最重要的，深深感谢我的家人。我爱人朱颖女士默默承担着琐屑而繁重的家务，为我营造一个安心工作的环境。本书的篇章构思、字斟句酌也凝聚着她的心血，她是文稿的第一个讨论者、阅读者、校对者，其功大矣。正在备战高考的儿子刘赫，每天不忘询问工作进展情况，不时给我鼓励。祝愿儿子考试顺利，进入心仪的大学，开启人生新的航程。是为后记。

刘振红

2016 年 1 月